Das sagenumwobene Prag

ILLUSTRATIONEN
JAN KLIMEŠ

PRÁH

Dieses Buch wurde mit Unterstützung
des Magistrats der Stadt Prag herausgegeben.

ISBN 978-80-7252-619-2

Das sagenumwobene Prag

ILLUSTRATIONEN
JAN KLIMEŠ

PRÁH

Prag

Der Sage nach herrschte einst die Fürstin Libussa über die Böhmen, eine weise und edle Frau, zu den Leuten leutselig und gerecht, aber auch fähig entschlossen zu handeln. Von allen geschätzt aber wurde sie wegen ihrer prophetischen Fähigkeiten, denn sie konnte weit in die Zukunft schauen und diese vorhersagen.

Der Sitz der Fürstin war auf dem Vyšehrad. Als sie eines Tages auf einem Felsvorsprung stand und über die Moldau in Richtung der bewaldeten Hügel schaute, wo sich heute die Stadt Prag ausbreitet, taten sich vor ihren

Augen dunkle Wälder auf und die Bäume nahmen die Gestalt von Häusern, Palästen und Kirchen mit ihren Türmen anzunehmen. Von dieser Vision überwältigt, soll sie diese denkwürdigen Worte ausgesprochen haben: „Ich sehe eine große Stadt, deren Ruhm bis zu den Sternen reichen wird! Und so die Götter es wollen, so soll es auch geschehen. Ich selbst werde den Grundstein legen und diese Stadt soll wachsen und blühen zum Ruhm meines Geschlechts und der künftigen Zeiten."

Am nächsten Tag sandte Libussa ihre Leute aus, um den günstigsten Platz für diese Gründung zu finden, und wies sie an: „Seht euch gut um und solltet ihr dort je manden sehen, der eine Arbeit verrichtet, dann will ich die künftige Stadt nach ihr benennen!" Die Männer erreichten die Ebene unterhalb des heutigen Laurentiusbergs und sie schien ihnen geeignet für die Gründung einer Stadt. Dort trafen sie auf zwei Männer, die einen starken Stamm bearbeiteten.

Und auf die Frage, was sie da tun würden, erwiderten sie: „Wir zimmern einen „práh" – also eine Türschwelle.

Auf den Vyšehrad zurückgekehrt, erzählten sie Libussa alles, was sie erlebt hatten. „An dieser Stelle will ich meine Stadt errichten, an deren künftigem Ruhm ich nicht zweifle", antwortete die Fürstin. „Nach diesem „práh", den die Männer zimmerten, soll sie „Prag" heißen."

So geschah es. Und keiner der späteren Herrscher hat es je gewagt, diesen Namen zu ändern.

Die Prager Burg

DER ZAUBERER ŽITO

Dass Narren und Zauberer an königlichen Höfen beliebt waren, war nichts Ungewöhnliches. In der Regel war es ihre Aufgabe, die hochwohlgeborenen Höflinge zu unterhalten und ihnen die Langeweile zu vertreiben.

König Wenzel IV. fand großes Vergnügen an seinem Hofnarren und Zauberer Žito (also „Roggen"), einem großen Meister seines Fachs. Vor allem bei seinen Verwandlungskünsten war er unberechenbar. Einmal erschien er als höchst reicher edler Herr, dann wieder als der ärmste Bettler. Vor den Augen des versammelten Hofes vermochte er sich aus einem dreckverschmierten Gärtner in einen reichen gut gekleideten Händler und gleich darauf in einen mondänen Städter zu verwandeln. Letztendlich verließ er die staunende Herrschaft als Pilger im Mönchsgewand. Die anderen Hofnarren mochten ihn nicht, sie fürchteten ihn eher; denn er bestrafte eine jede ihrer Prahlereien mit spöttischen Verwandlungen. Eines Tages war der bayerische Herzog auf der Burg zu Gast und seine Hofnarren zeigten die verwegensten Stücke. Aber niemand hatte eine Vorstellung davon, was Žito machen würde. Anfangs schien es, als habe er nichts zu bieten, was die Bayern ihm nicht nachmachen könnten, schon sah es aus, als wäre er in diesem Wettbewerb unterlegen.

Die Mittagszeit kam heran, die Fremden setzten sich zu Tisch und begannen selbstzufrieden zu speisen. Plötzlich entbrannte unterhalb der Fenster des Speisesaals, in der Nähe der improvisierten Bühne, auf der der Zauberwettbewerb fortgesetzt werden sollte, ein lauter Streit. Die bayerischen Hofnarren waren neugierig, unterbrachen ihre Mahlzeit und beugten sich aus dem Fenster. Da sie nichts Interessantes sahen, wollten sie wieder an die reich gedeckte Tafel zurückkehren, doch das ging nicht mehr. Sie konnten machen, was sie wollten, sie blieben mit ihren Köpfen im Fensterrahmen stecken. Kein Wunder! Žito war ein Meisterstück gelungen – er hatte auf ihren Köpfen weit ausladende Geweihe wachsen lassen. Und alle auf dem Schlosshof bogen sich vor Lachen.

Von einem ganz besonderen Zauberstück erzählte man sich in Prag lange. Žito hatte sich einen geizigen Bäcker vorgenommen, der die Leute betrog und bestahl, wo er nur konnte.

Der Bäcker hielt ein paar Schweine, um die er sich rührend kümmerte und gönnte ihnen regelmäßig ein Schlammbad in den Sümpfen am Moldauufer. Eines Tages trieb Žito seine eigenen Schweine dort hin. Sie waren so rosa und kugelrund, dass der Bäcker seine Augen nicht von ihnen lassen konnte. Von Neid erfüllt, hielt er es nicht mehr aus und sprach Žito an: „Hallo, Žito, ihr habt aber stattliche Schweine. Eines schöner als das andere, rosarot und schön rund. Gerne würde ich sie euch abkaufen. Und gut bezahlen." „Sie stehen aber nicht zum Verkauf", erwiderte Žito scheinbar ablehnend.

Der Bäcker ließ nicht locker, Žito fand eine Ausrede nach der anderen und spannte den Bäcker auf die Folter, bis beide letztendlich das Geschäft durch Handschlag besiegelten.

Žito machte den Bäcker aber noch darauf aufmerksam, dass sie gut im Futter stünden, wie er selbst sehe. Sie hätten jedoch einen Fehler – sie seien wasserscheu. „Wenn du sie ins Wasser lässt, kannst sie sie gleich vergessen."

Der Bäcker hörte Žito schon gar nicht mehr zu und trieb die Schweine gleich zu seinen Tieren, die sich im Sumpf an der Moldau wälzten. Die Schweine liefen in den Fluss, das Wasser schloss sich über ihnen und anstelle dessen schwammen Strohwische auf dem Strom, sie Žito vorher geschickt in fette Schweine verwandelt hatte.

„Mein Gott, ist denn niemand da? Hilfe! Meine dreißig Schweine ertrinken. Hallo, ihr Fischer dort! Fangt sie mit!", rief der entsetzte Bäcker, der noch nicht begriffen hatte, dass er auf Žito hereingefallen war. Erst als er anstelle der Schweine Strohwische aus dem Wasser angelte, merkte er, dass Žito ihn

hereingelegt hatte, und suchte wie verrückt überall nach dem Gaukler, bis er ihn endlich in einem Gasthaus auf der Kleinseite fand. Žito hatte es sich für das Geld aus dem Verkauf der Schweine schmecken lassen, er hatte auch schon recht viel getrunken und es sich an einem Tisch bequem gemacht. Der Bäcker war vor Wut außer sich. Als er Žito sah, packte er ihn am Bein und wollte ihn auf den Boden zerren … doch zu seinem Schrecken hielt er auf einmal das ganze Bein in der Hand. Žito schrie vor Schmerz, bis sich alle in der Gaststube auf den Bäcker stürzten: „Du Dieb, du Rohling! Du Geizhals, geiziger! Her mit dem Schmerzensgeld, du Dreckskerl miserabler…"

Der entsetzte Bäcker warf Žito eine weitere Handvoll Gulden auf den Tisch. Der aber sprang auf – munter wie ein Fisch im Wasser – und verließ vor den Augen aller Gäste das Gasthaus auf seinen eigenen gesunden Beinen.

Žito erlaubte sich unzählige solche Streiche. Doch eines Tages war Schluss damit, denn der Höllenfürst, dem Žito seine Seele verschrieben und der ihm dafür alle diese bewundernswerten Zauberstücke gelehrt hatte, war gekommen und hatte ihn dorthin mitgenommen, von wo es keine Rückkehr mehr gab.

DALIBOR UND DIE DALIBORKA

Einer der Türme auf der Prager Burg, der Dalibor-Turm, diente einst als Gefängnis. Der erste Gefangene, nach dem der Turm letztendlich auch benannt wurde, war Ritter Dalibor von Kozojedy. Um die Langeweile zu vertreiben und aus Angst, in diesem unwirtlichen Gefängnis traurigen Gedanken zu verfallen, fiel es dem Musikliebhaber Dalibor ein, den Gefängniswärter zu bitten, ihm eine Geige zu besorgen, obwohl er nicht spielen konnte.

Sobald er ihr die ersten Töne entlockte, war er gleich fröhlicher. Später versuchte er sich an eigenen Melodien, und spielte und spielte. Mit der Zeit entwickelte sich Dalibor zum Meister im Geigenspiel und keiner konnte sich mit ihm messen. Auch die Gefängniswärter, die wahrhaftig keine Kunstkenner waren, lauschten genau so wie das sich am Turm unter dem kleinen Gefängnisfenster versammelnde Volk diesen sehnsuchtsvollen Melodien.

Damals bekamen die Gefangenen sehr wenig und schlecht zu essen, eigentlich fast nichts, und Dalibor litt ständig Hunger. Einer der Gefängniswärter konnte das nicht mehr mit ansehen und gab ihm den guten Rat: „Sei nicht dumm, jeden Tag hören dir unter dem Fenster Leute zu, sie lieben deine Musik. Bitte sie einfach um etwas zu essen, ihnen wird es nicht fehlen und dir wird es helfen."

Das war kein schlechter Einfall. Am nächsten Tag ließ Dalibor vor den Augen der versammelten Zuhörer einen Beutel an einem Seil aus dem Fenster. Die Leute begriffen, wozu dieser dienen sollte und legten regelmäßig mal ein Stück Brot, mal etwas zu trinken oder ein paar Münzen hinein. Kurz gesagt, Dalibor konnte dank seinem Geigenspiel ganz gut leben.

Aber alles hat einmal ein Ende. Die Richter, die bei ihrem Gerichtsspruch von der Angst um Eigentum und vor weiteren Aufständen der Untertanen geleitet wurden, fällten über Dalibor ein abschreckendes Urteil: Tod durch das Schwert. Vollstreckt wurde es unverzüglich unterhalb der Alten Schlosstreppe.

Das Schicksal des Ritters Dalibor von Kozojedy hatte sich in das Gedächtnis der Menschen eingeprägt – sie erzählten diese Geschichte von Generation zu Generation weiter, bis sie mit der Zeit zu einer Redensart wurde: „Der Meister Elend lehrte Dalibor das Geigenspiel" (Nouze naučila Dalibora housti).

DER HOFNARR PALEČEK

Auch König Georg von Podiebrad hatte seinen bevorzugten Hofnarren. Wohl wegen seiner Kleinwüchsigkeit wurde er Paleček, also Däumling, genannt. Er war klug und gerecht, vor allem aber setzte er sich für die Armen ein, die bei der Obrigkeit kein Gehör fanden.

Die Reichen behaupteten jedoch, er sei eitel, denn er erschien viel zu oft in neuen Kleidern. Der Grund dafür war jedoch, dass er seine Kleider an arme, schlecht angezogene Menschen verschenkte. Er besuchte oft die Leute auf dem Land und half ihnen – wenn notwendig – beispielsweise bei der Instandsetzung ihres Daches oder ihres Zaunes. Dafür nahm er weder Geld noch Essen an. Mit Witz und Weitsicht setzte er sich beim König für die Rechte Unschuldiger ein, und wenn er Geld hatte, verteilte er es sofort unter die Bedürftigen.

Einmal fand am königlichen Hof ein großartiges Gelage zu Ehren hoher Gäste statt. Serviert wurden seltene Spezialitäten, vor allem ausgewählte Fischarten, die aber nur auf die Tische der edlen Gäste kamen. Die anderen mussten sich mit Grundeln begnügen. Paleček saß wie üblich neben der Tür, wo nur die kleinen Fische serviert wurden. Mit ganz ernstem Gesicht suchte er sich den kleinsten Fisch aus, hielt ihn an sein Ohr und flüstert ihm zu: „Mein Fischlein, hast du nicht etwas von meinem Bruder gehört?" Dann lauschte er eine Weile und als er keine Antwort bekam, seufzte er und legte den Fisch auf den Teller zurück. Das tat er dann mit einem Fisch nach dem anderen.

Immer murmelte er traurig, wie enttäuscht er sei. Die Gäste rings um ihn herum unterhielten sich köstlich, lachten und machten Witze, bis der König persönlich auf die eigenartige Unruhe rund um Paleček aufmerksam wurde. Und weil er seinen Hofnarr sehr gut kannte, wusste er, dass der diese Komödie nicht ohne Grund aufführte. Er ließ Paleček zu sich rufen und verlangte von ihm eine Erklärung dafür.

„Einfach so, mein König. Ich hatte einen Bruder, der war Fischer und ertrank vor Jahren im Fluss. Ich fragte die Leute, ob sie nichts über ihn wüssten, doch sie konnten mir nichts sagen. Und deshalb befrage ich jetzt diese kleinen Fische, ob nicht vielleicht sie etwas wüssten …", antwortete Paleček mit steinernem Gesicht. „Und was hast du erfahren?" fragte der König vergnügt. Paleček machte ein noch traurigeres Gesicht und beklagte sich verschmitzt: „Leider nichts, mein König. Die Fische sagten, sie seien viel zu klein dazu, um sich so etwas zu merken. Ich solle die größeren hier an deinem Tisch fragen". Der König begriff sofort, was Paleček mit seiner Komödie erreichen wollte, und gab Anweisung, diese größten Fische zu den Tischen neben der Tür zu tragen. Übrigens war er es gewohnt, dass ihn sein kluger Hofnarr immer geschickt daran erinnerte, dass die Hauptpflicht eines Herrschers darin besteht, alle seine Untertanen gerecht zu behandeln.

Man sagte übrigens – und das wäre gar nicht so unwahrscheinlich, dass der König schon bald nach Palečeks Tod verschieden und seinem treuen Diener, seinem guten und gerechten Hofnarren nachgefolgt war.

Der Veitsdom

DIE DOMGLOCKEN

Man erzählt, die Domglocken könnten ihre Stimme je nach Laune im Land ändern. Und man sagt auch, die Turmglocken ließen sich nicht stehlen, weil jeder Dieb augenblicklich sterben würde. Und wenn es doch gelänge, sie auf einen Wagen zu laden, würden sie so schwer sein, dass er sich nicht bewegen ließe. Und wenn es doch jemandem gelingen sollte, würden die Glocken nach einiger Zeit wieder von selbst in den Südturm des Doms zurückkommen.

Die Glocken des St.-Veitsdoms sollen auch eine Seele haben und waren auch in den schwersten Zeiten mit dem tschechischen Volk eng verbunden. Als der Kaiser und böhmische König, Karl IV., im Sterben lag, begann die Totenglocke des Veitsdoms von selbst zu läuten. Als der König sie hörte, soll er gesagt haben: „Hört, meine Kinder, der Herrgott ruft mich zu sich. Möge er für alle Zeiten mit euch sein!"

Wenzel, der Sohn Karls IV, hatte große Angst vor dem Südturm, in dem die Glocken hängen. Ein Sternendeuter hatte ihm nämlich vorhergesagt, er würde früher sterben, als der Turm zusammenfiele. Diese Prophezeiung verfolgte ihn Tag und Nacht.

„Reißt den Südturm ab", wies Wenzel an, um die Zukunft zu überlisten.

Aber der König starb unerwartet, noch bevor es den Maurern und Steinmetzen gelungen war, den Turm völlig zu zerstören. Erst auf dem Sterbebett begriff Wenzel den wirklichen Sinn der Prophezeiung, „dass er stirbt, noch bevor der Turm zerstört wird".

DIE GLOCKE „SIGISMUND"
UND EIN SEIL AUS MENSCHENHAAREN

Die erste und größte Glocke des Veitsdoms heißt „Sigismund". Sie misst mehr als zwei Meter und wiegt über sechzehn Tonnen. Als die Glockengießer sie 1549 gossen, hatte niemand eine Vorstellung davon, wie man sie auf den Glockenturm transportieren könnte. Alle Schnüre und Seile rissen wie dünne Fäden. Der König verfolgte die Versuche beunruhigt von seinem Fenster aus. „Vater", sagte seine Tochter, „hab keine Angst, ich denke mir schon etwas aus und du wirst sehen, dass wir die Glocke auf den Turm bekommen."

„Ich bin überrascht, meine Tochter, aber ich kenne dich und weiß, dass du klüger bist als viele kluge Köpfe am königlichen Hof. Ich vertraue dir", erwiderte der König.

Die Prinzessin schloss sich für eine Weile in ihren Zimmern ein und tüftelte Tag und Nacht an einem Mechanismus, mit der sich „Sigismund" auf den Turm ziehen ließe. Sie rief alle ihre Freundinnen zu sich und flocht mit ihnen zusammen einen dicken Zopf aus Menschenhaaren. Nach ihrem Entwurf bauten dann die Arbeiter eine Maschine und als sie zum ersten Mal benutzt werden sollte, versammelte sich eine Menschenmenge, um dieses Wunderwerk zu beschauen. Aber sie zweifelten sehr an einem Erfolg. „Ein Seil aus Menschenhaaren kann diese schwere Glocke doch nicht halten. Es wird reißen und „Sigismund" wird in tausend Stücke zerschellen."

Ihnen blieb jedoch nichts anderes übrig, als mit Erstaunen zu verfolgen, wie das straff gespannte glänzende Seil die wertvolle Last ohne größere Probleme bis nach oben in den Glockenturm hievte. Dann erhob sich stürmischer Beifall und die Prinzessin wurde mit Worten der Bewunderung und Anerkennung überhäuft.

Traditionsgemäß ist der Klöppel, also das Herz dieser riesigen Glocke, spröde. Man sagt, dass wenn er zerspringt, die böhmischen Länder in großer Gefahr seien. Das hat sich erst unlängst bewahrheitet.

Der Schwengel barst im Jahre 2002 und zwei Monate später wurde Böhmen von einem tausendjährigen Hochwasser heimgesucht.

DER WUNDERHELM
DES FÜRSTEN WENZEL

Einst war der jährliche Umzug mit den sterblichen Überresten des Fürsten und Landespatrons Wenzel der größte Festtag für die Prager. Einmal geschah es, dass genau einen Tag vor diesem Ereignis zwei Fremde auf dem Burghof vor der Kathedrale standen. Es waren Soldaten, die im Goldenen Gässchen wohnten. Einer schimpfte unzufrieden: „Warum soll ich diesen Tag feiern? Ich habe das zu Hause nicht getan und werde es auch hier nicht tun. Ich komme dadurch nur um meinen Sold."

Im gleichen Augenblick erstarrte er, dann taumelte er, ruderte mit den Armen und rief verzweifelt: „Wo ist hier jemand? Warum ist es auf einmal überall so dunkel? Ist denn niemand da? Helft mir doch! Wo ist Licht – ich brauche Licht!", wiederholte er und tastete mit den Händen in den leeren Raum um sich herum.

„Hör auf mit dem Unsinn! Bist du verrückt geworden? Wir haben doch helllichten Tag", redete ihm der andere Soldat gut zu. Eigentlich war er entsetzt, denn er hatte immer wieder gehört, dass der heilige Wenzel die grausam bestraft, die sich gegen sein Andenken versündigen.

„Mein Gott, ich bin blind!" Menschen liefen zusammen und voller Mitgefühl brachten sie ihn zu einem Meister der Medizin. Aber nichts half – weder Medizin noch Kräuter oder Salben.

„Allein der Heilige könnte dir helfen. Lass dich zu seinem Grab führen, bereue deine Beleidigung und bitte ihn um Vergebung", riet ihm irgendjemand.

Sie führten den Soldaten zum Grab des heiligen Wenzels im Dom, dort kniete er nieder und bat ihn im Gebet um Verzeihung. Doch nichts geschah, nach wie vor umgab ihn tiefes Dunkel.

„Setzt ihm den Helm des heiligen Wenzels auf!" war die Stimme eines alten Paters zu hören, der gerade die Kapelle betrat.

Und so geschah es. Sie nahmen den kostbaren Helm aus dem Schrein und setzten ihn dem blinden Soldaten auf den Kopf.

Als würde der aus einem Traum erwachen, sah er sich um – und konnte wieder sehen. Er verneigte sich vor dem heiligen Wenzel und dankte ihm. Seit dieser Zeit fehlte er nie wieder bei diesem Fest zu Ehren des heiligen Wenzels.

Das Kloster Strahov

DER GOTTESFÜRCHTIGE ABT

Der Prior des Prämonstratenklosters auf dem Strahov, Lohel, musste viel reisen, da ihm die Aufsicht über andere Stifte dieses Ordens auch über die Grenzen Böhmens hinaus oblag. Als er wieder einmal auf der Rückreise nach Prag war, übernachtete er in einem Gasthaus unweit von Krumlov. Just als er bezahlen wollte, stellte er fest, dass er kein Geld mehr hatte, denn er hatte in seiner Gutherzigkeit alles an Arme verteilt. Deshalb schlug er dem Wirt vor: „Ich lasse dir meine goldene Amtskette mit dem Kreuz als Pfand hier und du übergibt sie demjenigen, der dir das Geld bringt und sich mit meinem Abtring ausweist."

In Prag erwartete ihn die Aufforderung des Kaisers, unverzüglich wegen einer dringlichen Angelegenheit zu ihm zu kommen. Der Abt war entsetzt, denn wie sollte er ohne dieses Kreuz vor den Kaiser treten? Soll er lügen, er sei krank? Dazu wäre er nicht in der Lage. Und dann begann er zur heiligen Elisabeth zu beten, denn sie war die Beschützerin der Menschen, die sich in Schwierigkeiten befanden. Am Morgen erblickte er auf dem Betstuhl sein Kreuz mit goldener Kette. Erstaunt fragte er, wer es gebracht habe, aber niemand wusste etwas davon. Alleiniger Zeuge war der Wirt. Eine reiche Frau hätte ihm das Geld gebracht und sich mit seinem Ring ausgewiesen.

„Als sie abfuhr, habe ich ihr nachgeblickt. Am Kreuzweg hat sich plötzlich die von Pferden gezogene Kutsche in die Lüfte erhoben und ist mir aus dem Augen verschwunden", erklärte der Wirt. „Das war niemand anders als die heilige Elisabeth", rief der Abt. Ihr zu Ehren ließ er unweit des Klosters ein Armenspital errichten.

DIE GERECHTIGKEIT DES SKELETTS

Als die Schweden Prag, den Hradschin und die Kleinseite erobert hatten, brandschatzten und plünderten sie nicht nur in den Bürgerhäusern und Palästen, sondern auch in den Kirchen und Klöstern. Das Strahov-Kloster raubten sie so gründlich aus, dass nichts mehr übrig blieb als die Blei- und Zinnsärge aus den Familiengräbern unter der Kirche. Sie bestahlen die Toten und schmolzen die Särge ein, um Geld fürs Kartenspiel zu haben. Und davon brauchten sie genug!

Ein schwedischer Söldner hatte alles verspielt, was er hatte, und sah sich deshalb noch einmal dort um, wo er untergebracht war – im Strahov-Kloster. Doch er fand nichts, was er hätte zu Geld machen können. Die Gräber waren leer, keine Spur von goldenen Kirchengefäßen, die Messgewänder zerrissen … Plötzlich wurde der Schwede auf ein Grab aufmerksam, das sich an einem ungewöhnlichen Platz befand – im unteren Gang vor der Sakristei. Der Grabstein war unbeschädigt und er war deshalb überzeugt, dass es nicht ausgeplündert war.

Er wartete, bis alle Soldaten im Kloster schliefen; denn er wollte seine Beute mit niemandem teilen. Um Mitternacht machte er sich auf den Weg zum Grab. Der Grabstein ließ sich verhältnismäßig leicht verschieben, er stützte ihn mit einem Holzklotz ab und stieg mit einer Lampe in die Gruft. Vom Zinnsarg nahm er den Deckel ab, leuchtete hinein und wollte den Toten nach goldenen Ringen und anderem wertvollem Schmuck durchsuchen, aber dazu kam es gar nicht mehr. Er hörte einen ohrenbetäubenden Lärm, der Holzklotz zersplitterte und die mächtige Steinplatte verschloss die Gruft. Der Söldner konnte nicht einmal erschrecken, denn eine Knochenhand umschloss seinen Hals und drosselte ihn. Er wollte sich wehren und um Hilfe rufen, aber er brachte keinen Ton heraus, so fest war der Griff des Skeletts.

Die Bewohner des Klosters Strahov bemerkten zwar am nächsten Tag den zerbrochenen Grabstein, doch sie widmeten ihm kaum Aufmerksamkeit. Die Plünderung durch die Schweden hatte weitaus mehr Schaden angerichtet. Aber die Schweden suchten ihren Kameraden.

Erst nach ihrem Abzug, als das Leben im Kloster wieder in seine alten Gleise zurückkehrte, ordnete der Abt das Auswechseln der beschädigten Grabplatte an. In der Gruft entdeckten sie den Leichnam eines schwedischen Söldners, der neben dem Sarg kniete und dessen Hals von der Hand des sich aus dem Sarg herausbeugenden Skeletts so fest umschlossen war, sobald sie Mühe hatten, den Schweden zu befreien.

Der Loreto-Platz

DIE UNTERSCHRIFT AUS DEM JENSEITS

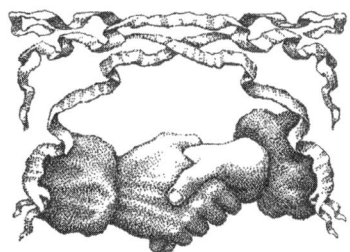

Der reiche Graf Czernin wollte sich auf dem Loreto-Platz ein prächtiges Palais bauen lassen. Aber er musste lange suchen, bis er einen Baumeister fand, der sich ein so prunkvolles Bauwerk zutraute. Endlich fand er einen. Der Graf war nicht geizig und zahlte ihm einen ordentlichen Vorschuss. Und der Baumeister konnte sich an die Arbeit machen. Er sparte nicht mit Geld, das Werk gedieh wirklich prächtig. Das Geld war aber schon bald verbraucht und er musste sein eigenes Erspartes einsetzten. Aber er hatte keine Angst, dass er das Geld vom großzügigen Grafen nicht zurückbekäme.

Das Palais stand kurz vor seiner Beendigung, als der Baumeister die niederschmetternde Nachricht erhielt, dass Graf Czernin unerwartet gestorben war. Aus Achtung vor dem Verstorbenen wartete er ab, bis die Trauerzeit verstrichen war, dann begab er sich zur Gräfin und legte ihr alle unbezahlten Rechnungen vor.

„Zeigen Sie mir die eigenhändig von meinem Mann unterschriebene Zustimmung zu so hohen Kosten", forderte die Gräfin den Baumeister auf. „Ich habe nichts in der Hand, wir haben uns mit dem Herrn Grafen durch Handschlag geeinigt", wehrte sich der Baumeister. „Dann betrachten Sie die Baukosten mit der Vorauszahlung als abgegolten", lautete die unbeugsame Antwort der Gräfin.

Dem Baumeister war klar, dass sich die Gräfin durch nichts würde überzeugen und umstimmen lassen. Und er begann zu überlegen, was er tun und an wen er sich wenden könnte.

Da fiel ihm sein Bruder ein; denn der war Mitglied des Geheimbundes der Freimaurer. Der würde sicher einen Weg finden. Und das tat er dann auch. Sein Bruder führte ihn bei den Mitgliedern der Freimaurerloge ein und die versprachen, ihm zu helfen. „Setz den Vertrag so auf, wie du ihn mit dem Grafen abgesprochen hast", empfahl ihm der Großmeister. Über der Vertragsurkunde sprach er dann lange geheimnisvolle Worte und gab endlich ein Zeichen zu einer Schutzwand, die den großen Saal abschloss. Von dort trat Graf Czernin hervor, grüßte wie ein Mondsüchtiger mit der Hand den Baumeister und legte seine rechte Hand auf das vorbereitete Dokument genau auf die Stelle, wo die Unterschrift sein sollte. Er ließ sie eine Weile dort und verschwand dann genau so plötzlich, wie er gekommen war.

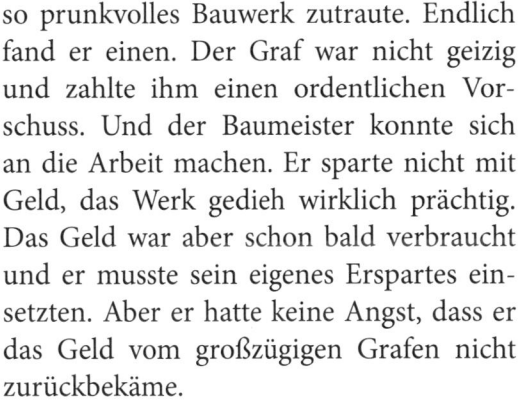

Der Baumeister blickte verblüfft auf Czernins Handabdruck auf dem Vertrag, bedankte sich höflich, verabschiedete sich von den Freimaurern und seinem Bruder und begab sich unverzüglich zur Gräfin.

Die betrachtete lange das Dokument mit dem Abdruck der Hand ihres Gemahls und ließ dann dem Baumeister den geschuldeten Betrag bis auf den letzten Groschen auszahlen.

DIE SCHUHE AUS BROTRINDE

Im Czernin-Palais am Loreto-Platz lebte einst eine Gräfin. Die war nicht nur reich und schön, sondern auch stolz und putzsüchtig. Ihre Putzsucht kannte keine Grenzen. Tagtäglich präsentierte sie sich in den prächtigsten Kleidern, jeden Abend in einem anderen. Sie prahlte mit dem schönsten Schmuck, mit seltenen Stoffen und den schönsten Edelsteinen. Es machte ihr Spaß, Männer zu betören und den Neid der Frauen zu erwecken. Sie tat tagelang nichts anderes, als zu überlegen, welches neue Kleid sie anziehen sollte und womit sie andere in ihren Bann ziehen konnte, damit keine andere Frau etwas Ähnliches anhatte wie sie.

Und dann fiel ihr eines Tages eine ganz ungewöhnliche Sache ein. Sie ließ den Bäcker und den Schuhmacher kommen und befahl ihnen: „Für den morgigen Ball will ich von euch ein Paar Schuhe aus Brotrinde. Sie müssen weich sein und nachgeben, da-

mit sich leicht in ihnen tanzen lässt." Beide waren von der Laune der Gräfin entsetzt und gaben ihr zu bedenken: „Meine Herrin, es schickt sich nicht, auf Brotrinde zu treten, erst recht nicht darauf zu tanzen. Brot ist eine Geschenk Gottes."

„Das ist mein Befehl. Wenn ihr diese Arbeit nicht machen wollt – ein anderer Bäcker und ein anderer Schuhmacher werden das gerne für mich tun!"

Der Bäcker und der Schuhmacher widersprachen dem Befehl der Gräfin nicht mehr; denn sie hatten viel zu viele Kinder und Schulden. Sie machten sich an die Arbeit und es gelang ihnen. Am nächsten Tag hielten sie schon Schuhe von größter Feinheit in den Händen.

Vergebens zerbrachen sich die neugierigen Damen auf dem Ball die Köpfe, aus welchem exotischen Material die neuen Schuhe der Gräfin wohl sein könnten. Und selbst die Gräfin war über alle Maßen zufrieden. Gekleidet in Musselin und Seide, mit Schuhen aus Brotrinde – mit Genugtuung nahm sie die neidischen Blicke ihrer Umgebung zur Kenntnis und beim Tanz schwebte sie vor Stolz nur so dahin.

„Gräfin, erlauben Sie, darf ich hoffen, dass sie mich mit dem nächsten Tanz beehren?" verneigte sich vor der Gräfin ein stattlicher, gut aussehender, ganz in Schwarz gekleideter eleganter Herr mit feurigem Blick.

Die durch die Bewunderung aller umstehenden Gäste und die schmeichelnden Worte des jungen Mannes wie betäubte Gräfin stimmte zu und im Eifer des Tanzes merkte sie gar nicht, dass der geheimnisvolle Fremde mit ihr aus dem Saal tanzte und sich unauffällig der Tür zu den Kellern des Palais nähert. Die Gräfin stutzte. Als würde sie plötzlich aus einem trügerischen Rausch erwachen, schaute sie ihrem Tänzer ins Gesicht. Sein Lächeln war verschwunden, fast grob hielt er sie fest an der Hand und zog sie die Treppen hinunter in das Kellergeschoß. Auf der letzten Stufe ließ er sie los.

„Du lasterhaftes Weib! Glaubst du, du entgehst deiner Strafe? Guck dir deine Schuhe an!" schrie sie der Fremde an, der sich als Teufel zu erkennen gab.

Der Gräfin wurde ganz schwindlig. Sie schaute auf ihre Schuhe aus Brotrinde. Sie waren durchwebt mit feinen Flammen, die immer stärker wurden, knisterten und sich zu einem wahren Höllenfeuer an ihren Füßen entfachten. Die Gräfin schrie vor Schmerzen und Entsetzen und versuchte sich der Schuhe zu entledigen. Aber schon war sie von allen Seiten von höllischen Flammen umgeben, die an ihr hochzüngelten und sie verzehrten.

Manchmal sind aus den Kellern des Czernin-Palais schnelle, unsichere Schritte zu hören, als würde die stolze Gräfin versuchen, vor ihrer sündhaften Tat und vor den Flammen der Hölle zu fliehen. Aber sie kann ihrer Strafe nicht entkommen.

DIE SINGENDEN LORETO-GLOCKEN

Man erzählt sich, dass die Glocken im Turm des Loreto einst bei einem tragischen Ereignis von selbst zu läuten begannen.

Im Gässchen auf der Neuen Welt ganz in der Nähe des Loreto lebte einst eine arme Witwe. Sie hatte so viele Kinder, wie das Loreto-Glockenspiel Glocken hat, und sagte deshalb zu ihnen „Ihr meine loretanischen Glöckchen!"

Für jedes Kind bewahrte sie eine Silbermünze auf, die sie einst von reichen Verwandten bekommen hatte. Sie wollte jedem Kind, sobald es erwachsen war, ein Geldstück geben.

Der Mensch denkt, Gott lenkt. In Prag wütete die Pest und suchte sich ihre Opfer vor allem unter den Armen. Auch die Familie der armen Witwe blieb nicht verschont. Als erster erkrankte der älteste Sohn. Die verzweifelte Mutter konnte sich keinen Arzt leisten und wollte wenigstens das Begräbnis bezahlen. Von den auf einer Schnur aufgefädelten Münzen nahm sie die erste und trug sie in das Loreto. Bald darauf läutete vom Loreto-Turm eine Glocke und zeigte den Tod des Jungen an. Kaum hatte die Witwe ihr Kind begraben, erkrankte das nächste. Und so ging es immer weiter. Jedes Mal zog die Mutter eine Münze von der Schur und trug sie in die Kirche und jedes Mal war ein Glöckchen zu hören. Ein immer kleineres und kleineres Glöckchen, bis die Witwe auch ihr jüngstes Kind beerdigte.

Mit Trauer im Herzen kehrte sie in ihr leeres Häuschen zurück, sie fühlte, dass auch sie erkrankt war. „Meine geliebten Kinder", begann sie zu weinen, „ich habe euch alle begleitet, aber wer wird mir auf meinem letzten Weg läuten?"

Kaum hatte sie ausgesprochen, begannen vom Loreta-Turm alle Glocken zu läuten. Sie spielten und sangen so schön, dass die Leute ganz ergriffen von der wundersamen Melodie in Tränen ausbrachen.

Die Witwe lächelte glücklich, denn sie hatte verstanden, dass sie auf ihrem letzten Weg nicht allein und verlassen ist.

Die Karlsbrücke

PARLERS REZEPTUR

Wegen der kleineren, aber häufigen Hochwasser musste die älteste Prager Brücke im Laufe der Jahrhunderte mehrere Male ausgebessert oder ersetzt werden. Aber immer waren die beiden Moldauufer durch eine Holzbrücke miteinander verbunden. Nachdem die letzte aber im Jahre 1172 von einem Hochwasser weggerissen wurde, wurde an ihrer Stelle eine Steinbrücke errichtet. Sie erhielt den Namen „Judith" nach der Gattin von König Wladislaw II. Sie hielt jedoch dem Hochwasser von 1342 nicht Stand und stürzte in die Moldau.

Mit dem Bau der neuen Steinbrücke betraute Karl IV. den berühmten Baumeister Peter Parler. Um sie fest und widerstandsfähig zu machen, ließ der dem Mörtel Kalk, Wein und rohe Eier beimischen. Mit der Zeit erwies sich, dass es in Prag nicht genügend Eier für diesen Zweck gab, und deshalb wies Karl IV. alle böhmischen Städte an, ihren Beitrag zu leisten.

Es dauerte nicht lange und nach Prag machten sich die ersten mit Stroh ausgepolsterten und mit Körben und Kisten voller Eier beladenen Holzfuhrwerke auf den Weg. Oft mussten die Maurer die Eier nicht einmal aufschlagen, die holprigen Wege hatten diese Arbeit schon für sie erledigt und noch bevor die Wagen Prag erreichten, tropfte aus einigen ein Gemisch aus Eigelb und Eiweiß.

„Damit die Eier auf dem Weg nicht zerbrechen, werden wir sie vorher lieber hart kochen", beschlossen die Bürger von Velvary. Noch lange ernteten sie in Prag deshalb Spott und Gelächter. Aber sie waren nicht die einzigen, die sich etwas ausgedacht hatten. Die gewissenhaften Bürger von Unhošť hatten die Anweisung des Königs wohl falsch verstanden und schickten außer Milch auch noch Quark und Käse zur Baustelle.

Diese außergewöhnlichen Mörtelzusätze machten die Karlsbrücke – gewollt oder ungewollt – unsterblich.

DAS PERUN-SCHWERT

Einst erstreckte sich am Moldauufer unter der Karlsbrücke ein heiliger Hain mit einer großen Statue des heidnischen Gottes Perun mit einem Schwert in der Hand. Mit der Christianisierung wurde dieser Hain aufgehoben und an der Stelle, an der die Perun-Statue in die Moldau gestürzt wurde, bildete sich eine Untiefe. Das Schwert aber sollen die Maurer beim Bau der Karlsbrücke mit eingemauert haben. Nur, sie haben nicht verraten, wo. Und so wissen wir es bis heute nicht.

Perun aber verzieh den Menschen diesen erniedrigenden Umgang mit seiner Majestät nicht und hält am Grund der Moldau Ausschau nach einsamen Anglern und Schwimmern, die er dann in das Loch zieht, in dem ihn einst die Prager versenkt hatten.

„Es ist besser einen Bogen um diese Untiefe zu machen", rieten die Bewohner des Moldauufers fürsorglich. „Auch wenn einer der Unglücklichen um Hilfe ruft, würde jeder kluge Mensch warten, ob er nicht doch ein Stück weiter irgendwo auftaucht."

Immer, wenn Perun ein Opfer gefunden hatte, war er eine Weile zufrieden und die Wasser rund um das Loch beruhigten sich.

Mit der Zeit vergaß man die Legende von Perun und sein Verlangen nach Opfern. Aber sein irgendwo in der Karlsbrücke verborgenes Schwert weckt bis heute Interesse.

FÜRST BRUNCVÍK UND SEIN ZAUBERSCHWERT

Einst regierte in den böhmischen Ländern der ehrenhafte und gerechte Fürst Bruncvík. Eines Tages beschloss er, das von seinem Vater überkommene Familienwappen, einen schwarzen Adler im goldenen Feld, zu ändern. Er wünschte sich einen Löwen, den König aller Tiere.

Er machte sich in die weite Welt auf, um sich dieses Wappentier zu verdienen, und versprach seiner Gattin, in sieben Jahren zurück zu sein. Und zum Zeichen dieses Versprechens wechselten sie die Ringe.

Fürst Bruncvík zog mit seinen Getreuen durch unbekannte Länder und befuhr unruhige Meere. Eines Tages kenterte sein Schiff während eines ungewöhnlich schweren Gewitters und sie strandeten auf einer verlassenen Insel. Die gesamte Mannschaft erlag Hunger und Durst und außer Bruncvík überlebte nur einer seiner Ritter.

„Mein Fürst, die einzige Rettung für dich ist der Vogel Noh, ein Vogel, der einmal nach langer Zeit hier auf der Insel Beute sucht. Ich nähe dich zusammen mit deinem Schwert in eine blutbeschmierte Pferdehaut ein und lege sie auf einen Felsvorsprung, damit dich der Vogel nicht übersieht." Und so geschah es und alles verlief genau wie geplant. Der Vogel kam geflogen, erblickte die blutige Haut, griff sie und ließ sie erst auf dem Festland fallen, um damit seine Jungen zu füttern.

Bruncvík befreite sich mit Hilfe des Schwertes aus der stinkenden Hülle und machte sich auf den Weg durch ein unbekanntes Land. Neun Tage lang irrte er durch dunkle Wälder und stieg über raue Berge, bis er in ein tiefes Tal kam, wo er ein schreckliches schmerzvolles Brüllen hörte: Der König der Tiere kämpfte mit letzter Kraft gegen einen neunköpfigen Drachen. Bruncvík zögerte keinen Augenblick und eilte dem Löwen zu Hilfe. Unter äußerster Kraftanstrengung gelang es den Beiden, den Drachen zu töten. Der Löwe wurde Bruncvíks treuer Freund, er verließ ihn nie und stand ihm in den unerbittlichsten Kämpfen immer zur Seite.

Aber das war auch nötig. Sie bestanden zusammen viele Abenteuer, befreiten eine Prinzessin aus den schrecklichen Klauen eines Drachens und bemächtigten sich mit List eines Zauberschwertes. Es reichte, es aus der Scheide zu ziehen und schon schlug es allen Feinden die Köpfe ab. Ein solches Schwert leistet immer gute Dienste. Bruncvík musste es auf seinen Reisen oft genug nutzen. Wie

oft musste er befehlen „Alle Köpfe runter", um sein nacktes Leben zu retten!

Endlich kehrte er nach langer Zeit wieder nach Prag zurück. Die Freude war groß, alle bewunderten den tapferen und getreuen Löwen und malten sein Bild begeistert an Stadtmauern und Tore – einen Löwen im roten Feld. Und so erfüllte sich Bruncvíks Wunsch, den Löwen, den König der Tiere, im Wappen des böhmischen Königreichs zu führen.

Bruncvík und seine Gattin herrschten noch viele Jahre und als Bruncvík starb, starb auch sein treuer Löwe vor Kummer und Sehnsucht.

Die Prager Bürger ehrten das Andenken an diesen guten Fürsten und setzten ihm auf einem Pfeiler der Karlsbrücke ein Denkmal, das Bruncvík mit seinem Löwen und seinem Schwert zeigt. Es steht bis heute dort. Aber was aus seinem Zauberschwert geworden ist, weiß niemand.

Eine Sage erzählt, dass Bruncvík sein Schwert insgeheim in einem der Brückenpfeiler einmauern ließ. Es heißt, es würde wieder auftauchen, wenn es den böhmischen Ländern am schlechtesten geht. Dann werden die im Berg Blaník schlafenden Ritter aus ihrem Schlaf aufwachen und der heilige Wenzel wird sich an ihre Spitze stellen. Wenn sie dann über die Karlsbrücke reiten, wird Wenzels Pferd über den Stein stolpern, unter dem das Schwert verborgen liegt. Der hl. Wenzel wird es ergreifen, über seinem Kopf schwingen und die böhmischen Länder von allen ihren Feinden befreien.

DIE LIST DES TEUFELS

Es ist bekannt, dass ein Pakt mit dem Teufel niemandem Glück bringt. Ein Beispiel: Als die Statue Johannes von Nepomuk einst von der Karlsbrücke gestoßen wurde, geschah dies in der gleichen Nacht, dass auch ein Brückenbogen ins Wasser stürzte. Und niemandem gelang es, die Brücke zu reparieren; denn was die Maurer am Tage aufbauten, verschwand über Nacht wieder in der Moldau. Alle waren ratlos. Sie taten, was sie konnten, doch die Reparatur gelang ihnen nicht. Bis sich ein junger, ehrgeiziger Baumeister meldete, der entschlossen war, die Brücke in Ordnung zu bringen.

„Ich werde die besten Maurer einstellen und bis zum Einbruch der Dunkelheit werden wir die Hälfte geschafft haben", versicherte er. Als es dunkel wurde, versteckte er sich auf der Brücke und wartete, was wohl geschehen würde. Um Mitternacht hörte er Lärm und der zur Hälfte fertige Brückenbogen stürzte in die Tiefe. In der Mitte der Brücke stand der Teufel höchstpersönlich und freute sich über sein gelungenes Werk.

„Deine Mühe ist vergeblich", machte sich der Teufel über den Baumeister lustig. „Doch eine Lösung gäbe es", fügte er listig und voller Hohn hinzu. „Was willst du dafür?" fragte der Baumeister sofort; denn er war begierig nach Ruhm und Anerkennung und dachte sich, dass er den Teufel irgendwie überlisten könnte. „Denjenigen, der als erster über die reparierte Brücke geht."

Der Teufel hielt sein Versprechen – die reparierte Brücke hielt. Die Arbeiten an der Brücke waren beendet, die Brücke sollte neu geweiht werden und der Baumeister befahl niemanden auf die Brücke zu lassen, solange er das nicht selbst erlaubte. Im Morgengrauen trieb er dann einen Hahn vor sich her über die Brücke zu treiben, um damit den Teufel zu überlisten.

Aber der Teufel hatte seine Pläne durchschaut. Er verkleidete sich als Maurer und begab sich zur Frau des Baumeisters. „Eurem Mann droht große Gefahr. Er bittet euch, sofort zu ihm zu kommen", sagt er heuchlerisch. Die Wachen trauten sich nicht, die Frau des Baumeisters aufzuhalten und grüßten sie ehrerbietig. Die Frau lief über die Brücke, starr vor Angst, was ihrem Mann wohl zugestoßen sein könnte. Schon von weitem rief sie seinen Namen. Der Baumeister erschrak. Welch schrecklicher

Irrtum, den Teufel überlisten zu wollen! Aber er ließ sich nichts anmerken und begleitete seine Frau zurück nach Hause. Dann kehrte er zum reparierten Brückenbogen zurück und wartete auf den Teufel, bereit ihm sich selbst auszuliefern. Doch der Morgen war schon angebrochen und der Teufel nicht aufgetaucht.

Als der Baumeister nach Hause kam, erwartete ihn eine schreckliche Nachricht: Seine Frau hatte in der Nacht ein totes Kind geboren und war selbst bei der Geburt gestorben.

Den Baumeister quälten Vorwürfe, am Tod seines Kindes und seiner Frau Schuld zu sein, und es dauerte nicht lange, bis auch seine Seele diese irdische Welt verließ.

Aber seitdem gab es keine Ruhe auf der Karlsbrücke. In der Nacht war weit über die Brücke hinaus das Niesen eines erkälteten Babys zu hören. Die meisten Fußgänger beschleunigten dann ihre Schritte und vermieden es, sich umzudrehen.

Eines Nachts überquerte irgendein Bauer die Brücke und als er hinter sich das Niesen hörte, rief er höflich „Gott zum Wohl" und eilte weiter. Als Antwort sagte ein Kinderstimme: „Geb's Gott". Und seither ist auf der Karlsbrücke Ruhe.

ZWEI TRÄUME UND EIN EINZIGER SCHATZ

Es war einmal ein armer Mann, der hatte eine Frau, viele Kinder, ein kleines Haus, einen kleinen Garten mit einem kleinen Apfelbaum und die Sorgen, wie er die Familie ernähren sollte, wuchsen ihm über den Kopf. Eines Nachts hatte er einen seltsamen Traum: Er ging in Prag über eine steinerne Brücke, stolperte über einen Stein und fand darunter einen Goldschatz. Dieser Traum wiederholte sich auch in den folgenden beiden Nächten. Er konnte den Morgen kaum abwarten und machte sich auf den Weg nach Prag und geradewegs auf die Karlsbrücke.

Er ging hin und her, schaute sich um, am liebsten hätte er jeden Stein umgedreht. Doch er fand nichts.

„Ich habe doch nicht ohne Grund so etwas geträumt, das muss doch ein Zeichen gewesen sein. Am Ende wird sich der Traum sicher erfüllen", murmelte er vor sich hin und untersuchte mit gesenktem Kopf jede Spalte und jede Ritze auf der Brücke.

„Hallo, Gevatter. Ich beobachte euch schon eine ganze Weile, was sucht ihr denn die ganze Zeit? Den gestrigen Tag?" fragte ihn der Soldat aus dem Wachhäuschen in der Mitte der Brücke.

„Ich suche den Goldschatz, von dem ich drei Nächte hintereinander geträumt habe", antwortete der enttäuschte Kleinbauer und erzählte dem Soldaten die ganze Geschichte.

„Das ist aber sonderbar", wunderte der sich. „Ich hatte auch drei Tage einen ähnlichen Traum von einem Goldschatz, aber der war unter einem jungen Apfelbaum in einem kleinen Garten an einem kleinen Haus vergraben". Der Bauer traute seinen Ohren nicht, als ihm der Soldat die Stelle genau beschrieb, von der er geträumt hatte. „Aber das ist doch mein Haus, mein Garten und mein junger Baum!" Er kam aus dem Staunen gar nicht mehr heraus. Sobald der Soldat seinen Dienst beendet hatte, machten sie sich gemeinsam in das Dorf auf, wo der Häusler wohnte. Sie machten sich sofort an die Arbeit und mussten gar nicht lange graben. Dicht unter dem Gras fanden sie eine Truhe voll Gold und Silber. Den Schatz teilten sie untereinander gerecht auf. Und damit hatte sich ihr Traum vom Goldschatz erfüllt.

BESTRAFTER STOLZ

Vor dem Kreuz auf der Karlsbrücke hatten die Bettler ihren Platz. An den um Almosen Bittenden ging auch öfter eine Frau vorbei, die sehr reich war; denn ihr gehörten weitläufige Länderein, mehrere Paläste in Prag, zahlreiche Handelsschiffe auf Elbe und Moldau und ein Schloss auf dem Land. Doch sie würdigte die Bettler keines Blicks.

Einmal streckte eine alte heruntergekommene Bettlerin bittend die Hand nach ihr aus. „Erbarme dich meines Elends. Auch ich war einst so reich wie du." Aber sie ging stolz und verächtlich an ihr vorbei. Die Bettlerin rief ihr noch nach: „Erbarme dich und Gott wird sich auch deiner erbarmen." „Ich brauche Gottes Erbarmen nicht. Ich habe von allem so viel, dass ich sogar das ganze Königreich kaufen könnte", antwortete sie barsch.

Ein in der Nähe stehender Wachsoldat hörte die überheblichen Worte der reichen Frau und konnte sich nicht zurückhalten. „Du solltest Gott nicht beleidigen, du weißt nie, ob er nicht auch dich mit Armut bestraft."

„Was quatschst du da für Unsinn, du Dummkopf?" erwiderte sie auch ihm verärgert. „Sieh her, diesen teuren Ring an meiner Hand werfe ich jetzt vor deinen Augen in die Moldau. Er kommt eher zu mir zurück, als dass sich deine Worte erfüllen!" lachte sie ihn aus und warf den Ring in die Fluten.

Ein paar Tage später veranstaltete sie an ihrem Wohnsitz ein großes Essen. Der Koch hatte auch hiesige Fische bestellt. Als er sie säuberte und ausnahm, fand er etwas Glänzendes. Und überrascht stellte er fest, dass es der Ring seiner Herrin war. Es lief zu ihr und als er ihr den Ring zeigte, wurde sie weiß wie eine Wand.

Die Drohung hatte sich erfüllt.

Einige Tage später waren alle ihre Schiffe untergegangen, ihr Landgut war niedergebrannt und das Schloss ausgeraubt. Und auf einmal war aus der reichen Frau eine arme Bettlerin geworden.

Später wurde sie auf der Brücke unter den anderen Bettlern gefunden, aber schon als Tote.

KÖNIG WENZEL UND DIE TAPFERE SUSANNE

chon seit vier Monaten wurde König Wenzel von den Landesfürsten gefangen gehalten. Langsam verlor er die Hoffnung, sich irgendwann befreien und aus dem Gefängnis fliehen zu können; denn er wurde sehr gut bewacht.

Es wurde Sommer, die Sonne brannte auf das steinerne Prag, es war zum Ersticken heiß. König Wenzel bat seine Kerkermeister ihm zu erlauben, sich im städtischen Bad an der Karlsbrücke erfrischen zu dürfen. Sie erlaubten es ihm, aber nur unter strenger Bewachung.

Der König ging nach dem Bad auf einen kleinen Umgang am Haus, auf dem die Badetücher getrocknet wurden. Traurig schaute er hoch zur Burg und dann auf die dahin fließende Moldau. Dann fiel sein Blick auf ein kleines Ruderboot, das genau unter dem Balkon festgebunden war.

In diesem Augenblick kam eine junge Baderin daher, um die trockene Wäsche abzunehmen. Der König winkte sie zu sich heran und sie folgte seinem Wunsch.

„Ich heiße Susanne, mein König, und ich bin dir von ganzem Herzen zugetan. Womit kann ich dir dienen?" verneigte sich Susanne vor ihm und erwartete seine Wünsche.

„Siehst du dieses Boot? Wenn du rudern kannst, setze mich zum anderen Ufer über und ich werde dich königlich belohnen", bat sie der König. Susanne zögerte keinen Augenblick. Sie band mehrere Badetücher zusammen und beide ließen sich daran hinab ins Boot. Susanne ruderte geschickt und so schnell sie konnte ins Dickicht am anderen Moldauufer. Dort hielten sie sich versteckt, bis die Aufregung über die Flucht des Königs aus dem Bad vorüber war, und liefen dann Fluss aufwärts.

König Wenzel war gerettet und frei. Mit der Zeit wurde der Streit mit den Landesfürsten beigelegt und der König konnte auf die Burg zurückkehren. Er herrschte noch mehrere Jahre zur Zufriedenheit aller.

Doch die mutige Susanne hatte er nicht vergessen. Er zahlte ihr nicht nur sofort hundert Gulden aus, sondern ließ auch anstelle des alten Bades an der Karlsbrücke eine neue Badestube errichten. Die widmete er zusammen mit einer reichen jährlichen Rente seiner Retterin. Das Badewesen erhob er zu einem geachteten Gewerbe und erlaubte ihm als neues Zunftzeichen einen Eisvogel im goldenen Feld, umrandet von einem zusammengerollten Handtuch. Das Porträt der mutigen Susanne ließ er dann auf den Torbogen des Brückenturms malen. Es ist leicht zu erkennen: In der linken Hand hält sie einen Zuber und in der rechten ein zusammengerolltes Handtuch.

Die Kirche der Siegreichen Jungfrau Maria

DAS PRAGER JESULEIN

Im Jahre 1628 schenkte die durch ihre Mildtätigkeit bekannte böhmische Adlige Polyxena von Lobkowitz den Karmelitern auf der Kleinseite eine kleine Wachsfigur des Jesuskindes. Die Karmeliter beteten die kleine Statue immer dann an, wenn die Not am größten war, wenn sie Hunger litten und sich nicht einmal ein Stück Brot leisten konnten.

Das Jesuskind wurde schon bald als wundertätiges Gnadenbild vor allen von Kranken hoch verehrt und stellte sogar das Altarbild der siegreichen Jungfrau Maria in den Schatten.

Als im Jahre 1631 fremde Truppen in Prag einfielen, schonten sie weder die Kirche noch das Kloster des Karmeliterordens. Ein Soldat berührte auch die Statue, aber so unvorsichtig, dass ein Händchen abbrach. Dann warf er es zusammen mit der beschädigten Statue auf einen Haufen Abfall.

Erst nach langen sieben Jahren fand einer der Karmeliterbrüder endlich die verloren gegangene Figur. Voller Freude stellte er sie in die Kirche auf ihren Sockel zurück und in seiner großen Begeisterung merkte er nicht einmal, dass ihr eine Hand fehlte.

„Erbarme dich meiner und ich will mich eurer erbarmen!" hörte er plötzlich eine Stimme. Erst dann fiel ihm auf, dass unter dem Ärmel ein Stück Hand fehlte. Er suchte sofort einen Handwerker, um die Statue reparieren zu lassen, doch die Arbeit erwies sich als schwieriger als gedacht. Gleichgültig, wer die Hand formte – am nächsten Tag war sie wieder abgefallen. Der Grund war, dass alle, die sich an der Reparatur versuchten, in ihrem Leben viele Sünden begangen hatten.

Bis einmal ein jünger Künstler ins Kloster kam, der sich anbot, die Figur instand zu setzen. Der Prior war damit einverstanden und so machte sich der junge Mann an die Arbeit. Und zwar auf den Knien, so als würde er zum Jesulein beten. Als er fertig war, wartete

er die Bezahlung gar nicht ab und verschwand wie ein Geist aus dem Kloster.

In ganz Prag verbreitete sich die Nachricht, dass die Figur wieder auf ihrem angestammten Platz stehe. So strömten Massen von Gläubigen in die Kirche, um sie zu sehen.

Von Jahr zu Jahr nahm die Ehrfurcht der Gläubigen zu und der Ruf des Jesuleins verbreitete sich schon bald über die Grenzen der böhmischen Länder hinaus. Die Betbank vor dem Jesuskind war nie frei. Auch die Karmeliter ließen es nicht allein, nicht einmal nachts.

Einst war in einem strengen Winter die Hälfte der Prager Bewohner erkrankt und das Karmeliterkloster verwandelte sich in ein Spital. Mit letzter Kraft kümmerte sich der Prior um die Verwaltung des Klosters und schleppte sich um Mitternacht in die Kirche, um vor dem Jesuskind zu beten. Er betrat die Kirche und staunte: der Altar mit dem Jesulein war voller leuchtender Kerzen und vor dem Altar knieten sieben Engel.

Den nächsten Tag bat der Prior den Kirchendiener, die Kerzen rund um das Jesuskind wegzuräumen, denn er nahm an, dass sie über Nacht heruntergebrannt waren. Aber nicht eine war kürzer geworden oder gar niedergebrannt. Es schien, als habe jemand neue Kerzen aufgestellt.

Solche und andere Wunder geschahen rund um das Prager Jesulein. Und so ist es bis heute. Die Zahl seiner Verehrer nimmt nicht ab.

Die Aposteluhr am Altstädter Rathaus

MEISTER HANUŠ

Die Prager altstädtische Turmuhr wurde in etwa vor 1410 vom Uhrmachermeister Mikuláš aus Kadaň gebaut. Jan Růže, auch Meister Hanuš genannt, versah sie Ende des 15. Jahrhunderts mit einem selbstständigen Kalender und vervollkommnete sie so, dass ein wirklich außergewöhnliches Werk entstand. Es wurde allseits bewundert, selbst von berühmten Uhrmachermeistern.

Die Prager Ratsherren waren sehr zufrieden, gleichzeitig aber auch umsichtig, denn der hervorragende Ruf der Prager Rathausuhr reichte über die Landesgrenzen hinaus und zog Gelehrte und Kenner aus dem Ausland an, die Meister Hanuš besuchen wollten. Und weil der Meister sein Zimmer kaum noch verließ, nur noch zeichnete, Berechnungen anstellte und sich Notizen machte, vermuteten sie, er konstruiere eine noch vollkommenere Uhr für eine Stadt in Frankreich. Da sie das Primat Prags nicht verlieren wollten, begannen sie zu beraten, wie man wohl Meister Hanuš in seinem Tun Einhalt gebieten könne.

„Wir lassen ihn das schriftlich versprechen, dass er niemals eine ähnliche Turmuhr bauen werde", schlug einer der Ratsherren vor. „Oder er soll das vor allen schwören", schlug ein anderer vor. Doch keiner der Vorschläge schien ihnen genug Sicherheit zu bieten.

„Wenn wir die schönste und beste astronomische Uhr auf der Welt haben wollen, gibt es nur einen einzigen Weg, um Meister Hanuš an der Fortsetzung der Arbeiten zu hindern", meldete sich ein besonders harter und neidischer Ratsherr zu Wort. „Wir nehmen ihm sein Augenlicht. Zwar wird er weiterleben, aber keine neuen Entwürfe mehr zeichnen können – er wird einfach blind sein, meine Herren. Und wir sorgen dafür, dass er für den Rest seines Lebens alles hat, was er braucht. Das ist doch eine vernünftige Lösung."

Die Ratsherren widersprachen, sie hatten Angst, doch der Ratsherr verteidigte seinen Vorschlag so lange, bis er alle überzeugt hatte.

Es war schon spät in der Nacht, als Meister Hanuš noch an seinem Tisch saß und arbeitete. Seine Aufwartung und sein Gehilfe waren längst gegangen, als jemand mit ganzer Kraft an die Tür trommelte. „Was für ungewohnte Schläge zu dieser nächtlichen Zeit", dachte sich der Meister, stand von der Arbeit auf und wollte die Tür verriegeln. Aber dazu war es zu spät. Zwei maskierte Männer brachen die Tür auf, ergriffen Hanuš und stießen ihn zu Boden, bis er das Bewusstsein verlor.

Niemand wusste, was sich dort weiter abgespielt hat, aber als am Morgen sein Gehilfe kam, fand er den Meister mit hohem Fieber, phantasierend und mit verbundenen Augen. „Licht, macht Licht an, ich brauche Licht", rief Hanuš verwirrt.

Der Gehilfe rief die Nachbarn herbei und gemeinsam entfernten sie den Verband von seinen Augen. Sie waren wie versteinert vor Entsetzen – anstelle der Augen erblickten sie leere Augenhöhlen, die noch blutige Spuren von glühendem Eisen zeigten.

Meister Hanuš war lange krank, er hütete nur noch das Bett und quälte sich mit der Frage, wer und aus welchem Grund ihm das angetan haben könnte. Er begann zu zweifeln, dass es Menschenhände gewesen waren, und glaubte an dunkle Mächte, die ihn für sein Werk bestraften. Sein Gehilfe verriet ihm jedoch, dass man sich erzähle, die Schuldigen für diese böse Tat seien ganz in der Nähe, doch niemand würde sie je finden.

Meister Hanuš begriff endlich das „Warum" und bat seinen Gehilfen eines Tages, ihn zur astronomischen Uhr und zu deren kompliziertestem Mechanismus zu führen. Als der Knochenmann, also der Tod, seine Totenglocke läutete, zog der Meister mit aller Kraft an den hölzernen Hebeln. Im Uhrwerk war ein quietschendes Bersten zu hören, es wirbelte herum und der Tod hörte auf zu läuten. Meister Hanuš fiel zu Boden und hörte auf zu atmen.

Die astronomische Uhr blieb stehen und schwieg jahrzehntelang, weil sich niemand fand, der sie wieder hätte instand setzen können.

DIE MACHT DES KNOCHENMANNES

ie Figur des Knochenmannes, auch Gevatter Tod genannt, hat eine seltsame Macht. Wenn das Werk der Prager Rathausuhr stehen bleibt und aufhört die Zeit anzuzeigen, erwarten das tschechische Volk schlechte Zeiten und der Tod gibt durch das erste Nicken mit dem Kopf das Zeichen dazu. Seine Macht kann ihm nur ein Knabe nehmen, der in der Neujahrsnacht geboren wurde.

Der Junge muss in dem Augenblick, wenn der Tod zum ersten Mal nickt, von der Teynkirche über den Altstädter Ring zum Rathaus laufen und dies erreichen, bevor die Uhr zum letzten Mal geschlagen hat. Nur wenn das dem Jungen gelingt, ist die Macht des Knochenmannes für immer gebrochen.

DER GEFANGENE UND DER SPERLING

Die beiden kleinen Fenster über der astronomischen Turmuhr führten einst in ein Kerkerzimmer für hochwohlgeborene Gefangene.

Einmal wurde dort ein zum Tode verurteilter Ritter gefangen gehalten, der darauf wartete, dass der Henker sein Werk verrichtet. Er war traurig und schaute niedergeschlagen durch das kleine Fenster auf den Marktplatz.

Gerade begann die Uhr zu schlagen, der Tod schwenkte die Sense und bewegte seine Kiefer. Als er den Mund am weitesten auf hatte, flog ein Spatz hinein. Die Kiefer klappten zu und der Sperling war eine ganze Stunde lang gefangen. Als die Turmuhr wieder zu läuten begann und der Tod seinen Mund öffnete, flog der Sperling wie ein Geschoss heraus und verschwand über den Dächern der gegenüber stehenden Häuser.

Das alles beobachtete der Gefangene durch das kleine Fenster. Das Schicksal des Vogels verglich er mit seinem. Und in ihm erwachte wieder die Hoffnung auf Rettung.

Und tatsächlich – am gleichen Tag wurde er von den Pragern begnadigt.

Der Altstädter Ring

DIE SIEBENUNDZWANZIG HINGERICHTETEN

Im Jahre 1621 wurden auf dem Altstädter Ring siebenundzwanzig böhmische Herren wegen ihrer Teilnahme am Ständeaufstand gegen Ferdinand II. und seine Regierung hingerichtet. An dieses traurige Ereignis erinnern siebenundzwanzig Kreuze aus weißen Pflastersteinen nahe der Aposteluhr. Niemand weiß, wo die Überreste der Hingerichteten begraben liegen. Ihre Köpfe wurden damals zur Abschreckung in Eisenkörben am Brückenturm der Karlsbrücke aufgehängt und es dauerte lange, bis sie ihre Verwandten abholen durften.

Jedes Jahr erscheinen am Jahrestag dieses schrecklichen Ereignisses – am 21. Juni – die Schatten aller siebenundzwanzig Hingerichteten am Altstädter Rathaus. Sie bleiben stehen und verfolgen trauernd den Gang der Turmuhr.

Wenn die Uhr richtig und genau geht, geht es dem tschechischen Volk gut, denken sich die siebenundzwanzig Schatten

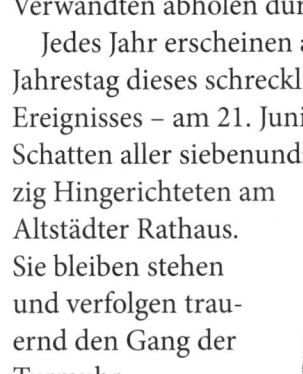

der böhmischen Herren und verlassen den Platz in Frieden und Eintracht.

Ist jedoch die Uhr defekt oder geht sie nur ein wenig falsch, erkennen die siebenundzwanzig Schatten sofort, dass in den böhmischen Ländern etwas nicht in Ordnung ist. Dann verlassen sie den Platz in tiefer Trauer und warten bis zum nächsten Jahr.

DAS EINGEMAUERTE KIND

er Bau des Kinský-Palais am Altstädter Ring zog sich lange hin. Die Ursache dafür war nicht nur ein Streit mit dem Rathaus wegen des ausgewählten Bauplatzes, sondern vor allem der langsame Fortgang der Arbeiten.

Das war auch kein Wunder, denn jede neu hochgezogene Wand des Palais stürzte regelmäßig wieder ein. Alle waren verzweifelt – Baumeister, Poliere und Maurer. Jemand aber erinnerte sich an eine alte Tradition, die die Baumeister von Burgen pflegten. Sie mauerten in die Fundamente ein unschuldiges Mädchen oder einen unschuldigen Knaben ein. Eine solche Burg war dann uneinnehmbar.

Von dieser grausamen Tradition ließ man später ab und mauerte in Burgen und Stadtmauern einen Hahn ein.

Aber auf den Altstädter Ring verirrte sich kein einziger Hahn. Nur von herumstreunenden Kindern, die niemand vermisste, gab es dort genug. Und so mauerten die Maurer ein vagabundierendes Kind in die Fundamente des Palais ein.

Seitdem fiel keine Mauer mehr in sich zusammen, die Arbeit ging gut von der Hand und der Rohbau des Palais war schon bald fertig.

Bis heute steht dieses ungewöhnlich schöne Rokokopalais nicht in einer Linie mit den Nachbarhäusern und niemand ahnt, dass irgendwo in seinen Fundamenten ein unschuldiges Kind begraben ist.

Das Ungelt

DER VERLIEBTE TÜRKE

er Teynhof Ungelt war schon seit jeher das Ziel von Handelsleuten aus aller Welt, unter anderem auch aus dem Osmanischen Reich.

Einst kam ein türkischer Handelsmann ins Ungelt. Er war jung, stattlich, gut aussehend, hatte dunkle feurige Augen und war außerdem steinreich. Der verliebte sich in die junge Tochter eines hiesigen Gastwirts. Sie hatte ein zartes Gesicht, Augen blau wie Vergissmeinnicht und zu einem Zopf geflochtene lange blonde Haare.

Lange wich sie den sie betörenden Blicken des Türken aus, doch seine zurückhaltende Art, mit der ihr immer wieder den Hof machte, überzeugte sie letztendlich. Die Zuneigung war gegenseitig und es schien, als würde ihrer Hochzeit nichts mehr im Wege stehen. Der Vater des Mädchens wollte, dass die beiden sich nach der Hochzeit in Prag niederlassen. Der Türke stimmte zu, er musste jedoch wegen der Erlaubnis zur Eheschließung in sein Heimatland reisen.

„Ich schenke dir dieses seltene Geschmeide, du meine Allerschönste, in der Hoffnung, dass du geduldig auf mich wartest", mit diesen Worten legte er eine wunderschöne Kette um den Hals des Mädchens, verabschiedete sich und begab sich eilig auf die Reise in seine Heimat.

Die Zeit verging und der Türke kam nicht wieder. Das Mädchen redete sich anfangs ein, der Weg sei weit, dann glaubte es, er habe alles vergessen und schließlich löste sich die Erinnerung an ihn wie im Nebel der Zeit langsam auf.

Da das Mädchen sehr schön war, fehlte es ihm nie an Bewerbern. Und weil es keine alte Jungfer werden wollte, heiratete es letztendlich den Sohn eines Kaufmanns aus der Nachbarschaft.

Eines Tages, an einem heißen Sommertag, tauchte der Türke unerwartet im Ungelt auf. Er freute sich auf seine Braut und lief ungeduldig zu ihrem Haus. Doch welch stechender Schmerz übermannte ihn, als er hörte, dass seine Braut nicht auf ihn gewartet und einen anderen geheiratet hatte! Ohne sich etwas anmerken zu lassen, bat er sie: „Junge Frau, ich wäre ungemein glücklich, wenn Sie mir nur einen Moment Zeit widmen würden, doch ich würde gerne mit Ihnen reden," und gab vor, Prag schon bald wieder verlassen zu wollen.

Erst zögerte sie, doch dann entschloss sie sich schließlich ihn im Gasthaus aufzusuchen, in dem er untergekommen war. Die Arme konnte ja nicht wissen, was sie erwarten würde!

Der Türke konnte es nicht übers Herz bringen, dass seine Künftige einem anderen den Vorzug gegeben hatte, und bestrafte sie nach seinen eigenen Regeln – er hieb ihr den Kopf ab, vergrub den Körper im Keller und legte ihren Kopf in eine wertvolle Truhe.

Und weil er sich nicht von seiner ehema-
ligen Braut zu trennen vermochte, führte
er die Truhe mit ihrem Kopf fortan stets bei
sich, so als sei sie der größte Schatz auf Erden.

Der Geist der jungen Frau verfolgte ihn
zum Verrücktwerden, überall hörte er aus
der Truhe ihr Stöhnen, gleichgültig, wohin er
reiste.

Bis er es nicht mehr aushalten konnte. Er
kehrte nach Prag zurück und brachte den
Kopf an die Stelle, wo er den Körper vergraben
hatte. Dann verließ er in Verkleidung Prag.

Indes floss viel Wasser die Moldau hinunter
und die Leute hatten die junge Wirtstochter
und den reichen Türken schon vergessen.
Nur hin und wieder erinnerte sich
jemand an diese unglückliche
Geschichte und gab sie zum
Besten, nicht ohne sie noch
weiter auszuschmücken.

Eines Nachts ging ein
junger Schneider durch
das Ungelt nach Hause.
Als er gerade am Eingang
in die alten Kellerge-
schosse vorbeiging, trat
ein Mann im Seiden-
mantel mit Turban auf
dem Kopf aus seinem
Schatten. Er winkte
ihm zu und lief

an ihm vorbei. Der Schneider erblickte in seiner Hand einen abgeschlagenen Frauenkopf
mit langem blondem Zopf. Er wollte schreien,
doch seine Kehle war wie zugeschnürt. So
drehte er sich nur um und flüchtete aus dem
Ungelt in Richtung Altstädter Ring.

Seitdem erscheint der Türke zufälligen
nächtlichen Fußgängern mitunter. Meistens
taucht er unerwartet aus dem Schatten auf,
geht über die Gasse und verschwindet
wieder im Dunkeln.

Die Judenstadt

DIE ALTNEUSYNAGOGE

Am Anfang stand in der Judenstadt nur ein kleines hölzernes Bethaus, aber dort war lediglich für ein paar Familien Platz. Als immer mehr Menschen sie bewohnten, war es Zeit für ein neues und größeres Bethaus. Doch auch die meistgeachteten und ältesten Männer konnten sich nicht einigen, an welcher Stelle es gebaut werden sollte. Da kam ihnen der Zufall zu Hilfe.

Als die Kinder einmal auf einer mit Büschen und Gras bewachsenen Anhöhe spielten, stießen sie auf eine regelmäßige Reihe behauener Steine. Sie erzählten das ihren Eltern und die kamen zu dem Schluss, dass die Wahl für den Standort der neuen Synagoge somit getroffen war. Beim Säubern der Anhöhe von Bewuchs und angehäuftem Erdreich legten sie eine ganze Mauer frei. Dabei fiel ihnen die uralte Legende wieder ein, nach der einst Engel zum Ufer der Moldau seltene Steine aus den Resten des zerstörten Jerusalemer Tempels, ja sogar gleich eine ganze Synagoge gebracht hätten, um sie hier auf dieser Anhöhe zu verbergen.

Die weisen Männer der jüdischen Gemeinschaft beschlossen diese Steine zum Bau der neuen Synagoge zu verwenden. Sie sollte dem Tempel in Jerusalem so ähnlich wie möglich sein, die Öffnungen der Fenster sollten sich nach innen verjüngen, die mächtige Kuppel auf zwei Säulen stehen und die Gläubigen über neun Treppen in den Betraum treten!

Auf den alten steinernen Fundamenten entstand ein neues Gotteshaus, das man deshalb „Altneusynagoge" nannte.

„Sobald der Jerusalemer Tempel wieder aufgebaut wird, werden wir die gehauenen Steine zurückgeben müssen – so lautete die Bedingung der Engel", glaubten die weisen Männer.

Die Achtung vor dem heiligen Ursprung des Baus hinderte die späteren Generationen daran auch nur das Geringste an deren Mauern zu ändern. Durch Staub und Schmutz schwärzten sie allmählich, im Laufe der Geschichte sahen sie viel Böses und Gutes und überstanden Brände, doch die Synagoge hat bis heute ihr ursprüngliches Aussehen bewahrt.

DER GOLEM

rschaffe aus Lehm ein menschenähnliches Wesen, es wird dir gegen alle Feinde beistehen! – Diese seltsamen Worte hörte der Prager jüdische Gelehrte, Rabbi Jehuda Löw ben Bezalel, im Traum. Wohl darum, dass die Juden zunehmend bösartigen Anfeindungen und Verleumdungen ausgesetzt waren und der Rabbi schon nicht mehr wusste, wie er seine Gemeinde davor schützen sollte.

Am nächsten Tag ging er zusammen mit zwei Gehilfen zum Moldauufer, suchte eine Stelle mit feinem feuchtem Lehm und knetete daraus eine riesige menschenähnliche Gestalt – den Golem. Als sie fertig waren, schob ihm der Rabbi eine Pergamentrolle mit einer geheimnisvollen Aufschrift in den Mund. Im gleichen Augenblick begann die Gestalt zu zittern, öffnete die Augen und stand auf. Sie war riesig. „Wir ziehen ihm ein Gewand an, wie es die Synagogendiener tragen", entschied der Rabbi und führte den Golem dann nach Hause. Seiner Frau erklärte er: „Das ist ein neuer Diener, er heißt Joseph, wird in der Synagoge aushelfen und bei uns schlafen. Doch du darfst ihm keinesfalls alltägliche Hausarbeiten auftragen."

Seine Frau versprach die Weisungen zu befolgen. Eines Tages, als sie so viel Arbeit hatte, dass sie nicht wusste, wo ihr der Kopf stand, und immer wieder an dem untätig herumsitzenden Golem vorbei ging, konnte sie

sich nicht mehr zurückhalten und bat ihn, ihr Wasser zu holen und in den Bottich zu gießen. Sie selbst lief schnell in die Stadt, um etwas zu erledigen. Als sie nach einer Weile zurückkam, sah sie bereits von weitem eine Ansammlung von Leuten vor ihrem Haus und Wasser, das aus der Tür auf die Straße schoss.

„Joseph, genug, das reicht", rief sie dem Golem zu und beruhigte die herbeigelaufenen Nachbarn.

Seitdem hütete sie sich, dem Golem auch nur den geringsten Dienst aufzutragen, der nichts mit den heiligen Diensten in der Synagoge zu tun hatte.

Tagsüber half der Golem dem Rabbi in der Synagoge, abends ging er durch die Gassen des jüdischen Viertels und sorgte für Ruhe und Ordnung. Meistens musste er überhaupt nichts tun, denn er flößte schon allein durch seine Größe einem jeden, auch dem mit den bösesten Absichten, Respekt ein.

Der Golem rettete oft das jüdische Viertel vor Einbrüchen und Diebstählen und unschuldige Bewohner des Viertels vor der Ermordung. Er war gutherzig, arbeitete die ganze Woche ohne Anzeichen von Müdigkeit, ja im Gegenteil, er hatte Ende der Woche immer mehr Energie. Der Rabbi fürchtete, der Golems würde so stark werden, dass er keine Hilfe mehr wäre und anstelle nur noch eine zerstörerische Kraft. Deshalb steckte er dem Golem an Feiertagen eine Schriftrolle in den

Mund, die ihn beruhigte und zum Ausruhen animierte.

Eines Tages erkrankte die kleine Tochter des Rabbi ernstlich. Der Rabbi war in seinen Gedanken so damit beschäftigt, dass er den Golem vor dem anstehenden Sabbat völlig vergaß. Golems Kraft wuchs und wuchs. Am Abend hielt er es schon nicht mehr aus herumzusitzen. Er ging im Zimmer auf und ab, dann ging er hinaus auf die Straße und begann mit erschreckender Leichtigkeit Türen und Fenster einzuschlagen, Bäume aus dem Boden zu reißen und die eisernen Aushängeschilder herunterzureißen. Wie ein Wirbelsturm kehrte er in das Haus des Rabbi zurück und begann die Möbel aus dem Fenster zu werfen, Geschirr zu zerschlagen, Bilder und Statuen zu vernichten, also einfach wie ein Irrer zu toben.

Der Lärm war bis in die Synagoge zu hören. Als das Hausmädchen aufgeregt zum Rabbi gelaufen kam und ihm alles schilderte, unterbrach er sein Gebet und lief auf die Strasse.

„Joseph, genug, das reicht", beruhigte er den Golem. Dann wechselte er den Zettel aus und befahl ihm, ins Haus zurück zu gehen und sich auszuruhen.

Er selbst kehrte in die Synagoge zurück und beendete sein Gebet. Den 22. Psalm, der den Sabbat ankündigt, sang er noch einmal. Und seitdem wird zur Erinnerung an dieses Ereignis in der Altneusynagoge als einziger Synagoge in der ganzen Welt dieser Psalm zweimal gesungen.

Als er wieder zu Hause war, wies Rabbi Löw den Golem an, auf den Dachboden der Synagoge zu gehen, sich hinzulegen und sich auszuruhen. Joseph befolgte diese Anweisung, stieg auf den Dachboden, legte sich in den Staub, schloss die Augen und schlief ein. Der Rabbi nahm ihm den geheimnisvollen Zettel aus dem Mund, verbrannte dessen Arbeitskleidung und deckte ihn mit alten Gebetsmänteln zu.

„Der Golem ist in der Nacht fort gegangen und kehrt nicht mehr zurück", teilte der Rabbi allen mit und sprach sicherheitshalber das Verbot aus, den Dachboden der Altneusynagoge zu betreten. Er befürchtete nämlich, dass irgendjemand versuchen würde, den Golem wieder zu beleben. Und seine Befürchtungen waren berechtigt.

Die Zeit verging. Eines Tages tauchte im Prager jüdischen Viertel ein herumziehender armer Student auf. Irgendwo hatte er etwas von einem künstlichen Menschen, vom Golem, gelesen und sagte sich, dass er ihn finden muss und erwartete, dass der ihm aus seiner Armut helfen würde. Er würde ihm soviel Geld beschaffen, wie er braucht, um sich die ausgewähltesten Delikatessen und den teuersten Schmuck zu kaufen. So malte es sich der Student aus. Er las viele Bücher und seltene Schriftrollen und schrieb auf einem Pergament all das auf, von dem er glaubte, dass es den Golem wieder beleben könnte. Im Dunkel der Nacht schlich er sich dann auf den Dachboden der Altneusynagoge.

Lange durchsuchte er beim schwachen Schein einer Kerze den Boden, fand aber nichts außer Staub und Spinnweben. Nur in einer Ecke lag ein Haufen halb zerfallener Kleidungsstücke. Er begann ihn zu durchstöbern und fand unter der letzten Schicht einen zu einer Gestalt geformten Lehmhaufen. Da merkte er, dass er gefunden hatte, was er wollte. Er zog die Pergamentrolle aus seiner Tasche und legte sie dem Golem in den Mund.

Als nichts geschah, dachte der Student schon, er habe irgendeinen Fehler gemacht. Aber auf einmal ging ein Schütteln durch den Golem und seine Brust begann sich rhythmisch zu heben. Er atmete. Dann setzte er sich und stand langsam auf. Er stolperte, schüttelte sich wie im Fieber und begann immer größer zu werden. Er wuchs und wuchs und reichte schon bis zu den Dachbalken.

Der Student begriff, dass er in der Formel einen fatalen Fehler gemacht haben musste. Er kletterte rasch auf einen Balken und nahm dem Golem den Zettel aus dem Mund. Die Gestalt schüttelte sich, begann zu schwanken und brach dann auf dem Balken zusammen. Im Fallen riss sie den Student zu Boden und begrub ihn unter sich, unter einem Lehmhaufen.

Seitdem raubt die Sage vom Golem vielen Schriftgelehrten und Forschern den Schlaf, doch auch diejenigen von ihnen, denen erlaubt wurde, auf den Dachboden der Altneusynagoge zu steigen, fanden dort keine Reste des Golems.

DER JÜDISCHE FRIEDHOF

In Prag wütete die Pest und machte auch um die Gassen der Judenstadt keinen Bogen. Sie machte keinen Unterschied zwischen Reich und Arm, Jung und Alt. Doch das Schlimmste war, dass meistens die kleinen Kinder starben. Den Rabbi quälte das sehr und er befürchtete, dass schon bald alle Bewohner des jüdischen Viertels tot sein könnten. Bis tief in die Nacht saß er über klugen Büchern und überlegte, wie er den Todesengel veranlassen könnte, seine Flügel auszubreiten und das Ghetto und ganz Prag zu verlassen.

Einmal hatte der Rabbi einen seltsamen Traum. Er sah frische Gräber, in denen die in den letzten Tagen verstorbenen Kinder begraben waren. Er stand zwischen den Grabsteinen, als sich die Gräber öffneten und die Kinder heraus stiegen. Der Friedhof war voller Kinder, die hin und her liefen, sprangen, spielten und tanzten. Der Rabbi sah dem Treiben zu und wusste nicht, was das zu bedeuten habe. Als sich die Umrisse der Grabsteine und der Kinder aufzulösen begannen, wachte er auf.

Am Morgen ließ Rabbi Löw seinen treuesten Schüler zu sich kommen. „Du bist der tapferste und wagemutigste von meinen Schülern, deshalb bitte ich dich um Hilfe. Ich weiß selbst nicht, warum uns der Todesengel nicht verlassen will. Meine einzige Hoffnung ist, dass uns das die Kinder, diese unschuldigen Wesen, sagen. Du gehst heute um Mitternacht auf den Friedhof und wartest, bis sich die Gräber öffnen und die Kinder heraussteigen. Du versteckst dich hinter einem Grabstein und wenn ein Kind in deine Nähe kommt, nimmst du ihm sein Totenhemd weg und kommst schnell zu mir", bat er den Schüler. „Sicher, mein Lehrer. Ich tue alles, was du willst", versprach er dem Rabbi. Und seine Aufgabe erledigte er wirklich musterhaft. Kurz vor ein Uhr nach Mitternacht kehrte er schon mit einem weißen Totenhemd zurück, das er einem spielenden schwarzhaarigen Knaben weggenommen hatte.

Rabbi und der Schüler setzten sich ans Fenster und warteten, was geschehen würde. Es schlug Eins und in der menschenleeren Gasse tauchte der kleine schwarzhaarige Junge auf, lief direkt auf das Haus des Rabbi zu und klopfte ans Fenster.

„Bitte, geben Sie mir mein Totenhemd zurück, sonst kann ich nicht wieder zurück in mein Grab. Und die Kinder wollen nicht mit mir spielen. Das macht mich traurig. Bitte", bettelte der Knabe. „Ich will nicht, dass du traurig bist, mein Junge, aber auch nicht andere Eltern, die Angst um ihre Kinder haben. So will ich dir dein Totenhemd zurückgeben, sobald du mir verrätst, warum überall um uns herum so viele Kinder sterben. Warum gerade sie?" fragte der Rabbi bitter.

Der kleine Junge weinte und bat weiter um sein Hemd, aber der Rabbi bestand auf einer Antwort, auch wenn es ihm sehr Leid tat.

„Unweit von hier leben zwei Frauen und die haben den Todesengel hergerufen, weil sie ein Neugeborenes getötet haben."

Der Rabbi gab dem kleinen Jungen sein Totenhemd zurück und schickte nach den Frauen. Sie leugneten nicht lange und bekannten sich zu ihrer Schuld. Auch vor Gericht gaben sie alles zu.

Das Urteil war streng, aber gleich danach verließ der Todesengel die Judenstadt und die Pest ging zurück.

So rettete Rabbi Löw nicht nur viele Kinder aus dem jüdischen Viertel, sondern auch viele Bewohner ganz Prags vor dem schwarzen Tod.

DIE GOLDSTÜCKE IM TUCH
UND DIE MAISEL-SYNAGOGE

Einst kehrte Rabbi Jizchak – ein geschätzter und reicher Mann – von einer Reise zurück. Es war schon stockdunkel, als seine Pferdekutsche durch einen Wald fuhr.

Nach einer Weile tauchte vor ihnen ein Licht auf. Der Rabbi ließ die Pferde anhalten und ging dem Licht nach bis zum Rand einer Lichtung. Dort verschlug es ihm den Atem: An einem großen Haufen Gold liefen zwei Kobolde hin und her. Sie scheffelten das Gold in Geldbeutel und trugen sie ein Stück weiter ins Dickicht.

Der Rabbiner sprach die Kobolde an und wollte wissen, wem dieser Reichtum gehört. „Einem Menschen aus der Judenstadt. Aber du bist es nicht", erwiderte ein Kobold barsch. „Und wann bekommt er all diesen Reichtum?" ließ sich der Rabbi nicht abweisen. Der Kobold grinste: „Erst wenn deine Tochter heiratet."

„Kann ich mit wenigstens drei Goldstücke zur Erinnerung mitnehmen?" fragt der Rabbiner.

„Nein, sie würden uns fehlen. Aber wir können ja tauschen: Du nimmst dir drei Gulden vom Haufen und gibst uns drei von dir." Der Rabbiner gab den Kobolden drei Goldstücke und nahm drei von dem Haufen. Im gleichen Augenblick verschwanden die Kobolde und der Schatz.

Für den Rest der Fahrt überlegte der Rabbiner, wie sich die Sache lösen ließe. Und er hatte einen Einfall: Wenn er ein Goldstück aus dem Schatz auf die Strasse legt, muss ihn nur der aufheben, für den der Schatz bestimmt ist. Am nächsten Tag wickelt er das Goldstück in einen Lappen, warf ihn aus dem Fenster auf die Gasse und wartete. Den ganzen Tag geschah nichts, niemanden interessierte der Lappen auf der Straße. Erst am Abend tauchte ein schmutziger Junge auf, hob den Lappen auf und verschwand um die nächste Ecke.

Für den Rabbiner war das eine Überraschung. Dieser schmutzige Junge sollte der reichste Mann sein? Dies ließ ihm keine Ruhe, und so wiederholte er den Versuch. Und erneut hob der zerlumpte Junge das Tuch auf. Auch am dritten Tag geschah genau dasselbe. Der Rabbi war verärgert. Er ließ bekannt machen, dass er drei Goldstücke verloren und wer sie gefunden habe, sie ihm zurückgeben solle. Es dauerte nicht lange und beim Rabbi meldete sich jener kleine Junge: „Verzeihen Sie, mein Herr, ich wusste nicht, dass sie Ihnen gehören. Drei Nächte habe ich geträumt, dass ich vor Ihrem Haus ein in einen Lappen gewickeltes Goldstück finde. Und so war es dann auch. Seien Sie mir nicht böse, aber ich kann Ihnen nur zwei zurückgeben. Das dritte gab ich meiner Mutter gegeben, da sie es brauchte. Sobald sie ihre Waren verkauft, gebe ich es Ihnen zurück."

Die Ehrlichkeit des Jungen erfreute den Rabbiner und er war überzeugt, dass er den künftigen Besitzer des Schatzes vor sich hatte. Er stellte fest, dass er Mordechai heißt und der Sohn des halbblinden Trägers Maisel war, der aus einer sehr armen, aber ehrbaren Familie stammte.

„Ihr Sohn Mordechai gefällt mir. Er ist klug und ehrsam. Ich will mich um ihn wie um meinen eigenen Sohn kümmern und ihm gute Erziehung angedeihen lassen", schlug er Mordechais Vater vor.

Der tat sich schwer damit, denn er wollte seinen letzten Sohn nicht entbehren. Doch als ihm der Rabbi versprach, dass er Mordechai seine Tochter geben werde, stimmte er zu.

Und alles kam so, wie er es sich wünschte: Mordechai war ein guter Schüler, freundete sich mit der Tochter des Rabbi an und nahm sie später zur Frau.

Nur, solange sie im Haus des Rabbi wohnten, tauchte der Schatz nicht auf. Der Rabbi ließ seine ganze Enttäuschung und später auch Wut an Mordechai aus und ging in seinem Hass und seinem Groll so weit, dass der Schwiegersohn mit seiner Frau ausziehen musste. Doch sie verdienten sich ehrsam ihr brot, der Laden lief gut und die Eheleute waren es zufrieden.

Nach ein paar Jahren kam ein Mann in ihren Laden und wollte etwas kaufen. Mordechai bot ihm nur das Beste an und der Mann wählte sich aus. „Ich habe nicht genug Geld", gab der Mann zu, „könnte ich Ihnen nicht einen alten Metallkasten in Zahlung geben?"

Mordechai war einverstanden. Nach ein paar Tagen brachte der Mann tatsächlich den alten Kasten. Zusammen mit dem Kutscher stellte er ihn im Laden ab und verschwand eilig.

Mordechai sah sich die geschmiedete Truhe und ihr rostiges Schloss an, als er aber das Schloss berührte, sprang der Deckel von selbst auf und im Laden verbreitete sich der Schein von Gold und Silber aus.

Mordechai Maisel war somit ein reicher Mann geworden, doch sein Geld verwendete er zum Wohl der ganzen Judenstadt. Er ließ zwei Synagogen bauen. Eine trägt seinen Namen – die Maisel-Synagoge. Außerdem ließ er eine Badeanstalt für Frauen, ein Waisenheim, ein Armenheim und ein Spital errichten, die bis dahin schlammige Gassen pflastern. Auch viele arme Bräute bekamen eine Mitgift.

Nach Mordechais Tod wurde das reiche Erbe, wie so oft, Ursache für viele Vermögensstreitigkeiten, Gerichtsstreite und böses Blut.

Das Agneskloster

DAS WUNDERWIRKENDE SCHWALBENWASSER

In das Agneskloster flüchtete sich einst eine verarmte polnische Adlige. Die Nonnen nahmen sich ihrer an, kümmerten sich um sie, denn sie war krank, und hatten überhaupt viel Mitleid mit ihr. Die Frau war von dieser Fürsorge sehr gerührt: „Ich würde mich gern dafür bei euch erkenntlich zeigen, doch habe ich weder Gold noch Geld. Aber ich vertraue euch ein altes Familiengeheimnis an – die Rezeptur für ein heilsames Wunderheilmittel. Es heißt Schwalbenwasser."

Die Nonnen begannen diese Wundermedizin genau nach Rezept zu kochen und verteilten oder verkauften sie für wenig Geld an Bedürftige. Und so kamen die Menschen von nah und fern zum Kloster.

Die Zeit ist jedoch unerbittlich, die edle Dame starb, das Kloster wurde aufgelöst und die Gefahr, dass das Geheimnis der Zubereitung des wunderwirkenden Schwalbenwassers für immer in Vergessenheit geriet, war groß. Eine der Nonnen entschloss sich zum Glück, das Geheimnis zu bewahren und das Elixier weiter zuzubereiten und umsonst in der Nähe des Klosters zu verteilen. Sie hielt ihr Versprechen, doch auch sie konnte sich nicht der Zeit widersetzen, sie wurde alt und als sie verstarb, nahm sie das Geheimnis mit ins Grab. Es blieben nur noch ein paar kleine Flaschen übrig und die Wirtin, bei der die alte Nonne zuletzt gewohnt hatte, hütete sie wie ihren Augapfel.

Ein paar Jahre später mietete sich ein junger Student aus Polen bei ihr ein kleines Zimmer. Er erzählte, dass er aus dem gleichen Geschlecht stammt wie die adlige Frau, die im Kloster gestorben war. „In unserer Familie war es üblich, das Geheimnis der alten Rezeptur erst auf dem Sterbebett weiterzugeben", vertraute er der Wirtin an. „Und der einzige Mensch, der dieses Rezept kannte, ist gerade hier im Kloster gestorben. Die alte Familientradition wurde damit unterbrochen, aber ich versuche die Zusammensetzung des Schwalbenwassers durch verschiedene Versuche herauszufinden."

Die Wirtin brachte dem Studenten letztendlich eine der letzten Fläschchen des Elixiers und erzählte ihm alles, was sie darüber wusste.

Der Student probierte alles Mögliche und Unmögliche, um die Zusammensetzung des Schwalbenwassers zu erkunden. Seine Versuche machte er bis weit in die Nacht, bis einige in der Umgebung ihn schon der schwarzen Magie bezichtigten.

Das war wohl auch der Grund, warum eines Morgens ein neugieriger Nachtwächter bis zum Fenster des Studenten hinaufkletterte, um sich zu überzeugen, was an diesen Verleumdungen wahr sein würde. Als er schon das Fenstersims erklimmt hatte und sich neugierig darüber beugte, um in das Zimmer sehen zu können, vernahm er einen ohrenbetäubenden Knall und aus dem Fenster wälzten sich Rauch und bunte Flammen. Die Wucht der Explosion schleuderte den Nachtwächter auf das Straßenpflaster und weckte alle Menschen weit und breit. Einen Moment später hatte sich vor dem Haus eine Menge Neugieriger eingefunden, einige drangen schnell in das Zimmer des Studenten ein und fanden nur noch Trümmer von Möbeln, zersplittertes Glas und den verbrannten Körper des Studenten vor.

Diess war das tatsächliche Ende des Geheimnisses um das Schwalbenwasser, eines heilenden Elixiers, das so vielen Menschen Erleichterung von ihren Schmerzen und Leiden gebracht hatte.

Das Karolinum

DER BRAUTSCHLEIER

Bekanntermaßen ist Glück trügerisch. Und das bekam einst auch der reiche Prager Bürger Rotlew zu spüren. Unerwartet verlor er seine Häuser, kam um seine Weinberge und verarmte mehr und mehr. Aber er war nicht gewohnt, so schnell aufzugeben und deshalb klammerte er sich als letzte Rettung an eine Goldgrube in Jílové bei Prag.

Er erhielt die Schürfrechte und es schien, als würde ihm die Goldader, auf die er sofort gestoßen war, Glück bringen. Doch sollte er sich irren. Die Goldader verlor sich, Rotlew hatte kein Geld mehr, um die Löhne seiner Häuer zu bezahlen, und auch zu Hause herrschte keine Ruhe. Er war so besessen vom Gedanken an die Goldader, dass er nicht mehr aß, nicht mehr schlief und mit seiner Frau und den Kindern den ganzen Tag kaum ein paar Worte wechselte. Er lebte wie im Fieber, gab sein letztes Geld aus, begann sich Geld zu borgen und lebte auf Pump.

„Lass doch das Schürfen, solange noch Zeit ist", rieten ihm alle. Aber ihr guter Rat war umsonst. Zuletzt blieb Rotlew in der Grube ganz allein. Er grub bis zum Umfallen, aber erfolglos.

Eines Tages, als er sein Pferd sattelte, um zur Grube zu reiten, und er ein bisschen

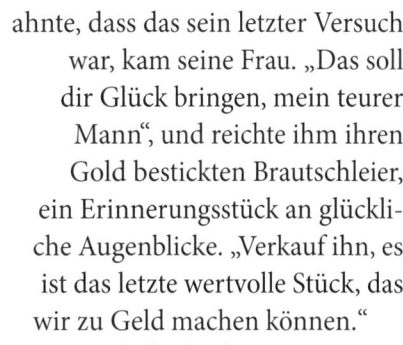

ahnte, dass das sein letzter Versuch war, kam seine Frau. „Das soll dir Glück bringen, mein teurer Mann", und reichte ihm ihren Gold bestickten Brautschleier, ein Erinnerungsstück an glückliche Augenblicke. „Verkauf ihn, es ist das letzte wertvolle Stück, das wir zu Geld machen können."

„Ich danke dir, meine Teure. Gern mach ich das nicht, aber vielleicht bringt er uns tatsächlich Glück", erwiderte Rotlew, zu Tränen gerührt.

Rotlew konnte den Schleier gut verkaufen. Er kaufte sich neues Werkzeug und fuhr fort zu graben. Er schlug mit aller Kraft in die Steinwände und stieß auf einmal auf eine Goldader. Anfangs fürchtete er, dass die Ader wieder verschwindet, aber als sie immer breiter wurde, wusste er, dass ihm das Glück wieder lacht.

Endlich konnte er alle seine Schulden bezahlen, seiner Frau kaufte er für das erste verdiente Geld einen neuen reich bestickten Schleier, erweiterte die Grube und setzte sein Haus instand.

Nach Rotlews Tod erwarb die Prager Universität das Haus und benannte es nach Kaiser Karl IV. Und es gehört ihr bis heute.

Der Wenzelsplatz

DAS GEBET ZUM HEILIGEN WENZEL

Im siebzehnten Jahrhundert erlebte Böhmen eine große Missernte und eine Hungersnot. Am schlimmsten war es in Prag. Die Ratsherren der Prager Neustadt berieten lange, bis sie sich darauf einigten, den Kaiser persönlich um Hilfe zu ersuchen. Nur der älteste Ratsherr war damit nicht einverstanden.

„Es gefällt mir nicht, dass ihr unsere mächtigsten Freunde vergessen habt. Wenn die uns nicht zu Hilfe kommen, sieht es böse aus. Ich sage nicht, dass wir kein Getreide im Ausland kaufen sollen, ich sage nur – erwartet nicht, dass das umsonst ist."

„Von welchen Freunden redest du? Und wir hätten sie vergessen?" fragte der Bürgermeister.

„Ihr wisst nicht, wer unsere besten Freunde sind? Habt ihr unsere heiligen böhmischen Patrone vergessen? Schon unsere Väter haben sie angerufen, wenn sie in Not waren, besonders den heiligen Wenzel. Aber ihr tut das schon lange nicht mehr", sagte der Älteste vorwurfsvoll. „Ihr wendet euch lieber an das Ausland um Hilfe, anstelle die zu bitten, die unser Volk nie verlassen haben."

Der Bürgermeister stimmte dem zu: „Du hast recht. Wir gehen jetzt in die Kapelle und bitten unsere Landespatrone um Hilfe."

Kaum hatte der Priester sein Gebet beendet, zog sich der Himmel zu und es begann zu regnen. Es regnete so lange, bis sich die ausgetrocknete Erde mit Wasser voll gesogen hatte. Und das Getreide wuchs und gab eine so reiche Ernte, wie sie die Menschen lange nicht erlebt hatten.

Hunger und Not waren vorbei und die Ratsherren beschlossen, dem heiligen Wenzel aus Dankbarkeit ein Denkmal zu errichten. Sie gaben eine Steinplastik in Auftrag, die sie im oberen Teil des Wenzelsplatzes, dem einstigen Pferdemarkt, aufstellen ließen und die bis 1879 dort stand.

Es hieß, die Wenzelsstatue habe eine besondere Macht. Wenn es zur letzten Schlacht zwischen den Tschechen und ihren Feinden auf dem Wenzelsplatz komme und nur ein einziger Tropfen Blut auf die Statue des Fürsten spritze, werde dieser zum Leben erweckt. Er werde seine Lanze erheben und sein Schwert in Richtung des Berges Blaník schwingen. Dieser Berg werde sich öffnen, die darin schlafenden Ritter wie ein Blitz nach Prag reiten und die Feinde für immer vertreiben. Erst dann beginne in Böhmen eine Zeit des Friedens und des Wohlstandes.

Die Karlsstrasse

DAS FEURIGE GERIPPE

Einst brach in der Karlsstraße ein Brand aus, gleich neben dem Haus eines alten geizigen Pfandleihers. Das Feuer verbreitete sich schnell in der ganzen Straße, alte Leute, Kinder und Möbel wurden aus den brennenden Häusern getragen, die Bewohner versuchten zu löschen, so gut es ging und halfen sich gegenseitig dabei.

Als die züngelnden Flammen hungrig an den Häusern höher und höher in den Himmel emporstiegen, lief auch dieser alte Pfandleiher mit einem Sack auf dem Rücken aus dem Haus und rannte in Richtung Moldau.

„Verlassen Sie uns nicht, kommen Sie zurück und helfen Sie uns beim Wassertragen, jede Hand wird gebraucht", riefen ihm die Nachbarn nach. Doch der Pfandleiher würdigte ihnen keines Blickes, umklammerte seinen Sack voller Geld und eilte von der Unglücksstelle weg.

Auch als sich der Rauch verzogen hatte und das Leben in der Straße schon in seine alten Gleise zurückgekehrt war, blieb das Haus des Pfandleihers leer. Niemand wusste, was eigentlich mit ihm geschehen war, er blieb wie vom Erdboden verschluckt.

Bis er eines Nachts wieder auftauchte. Gebückt schleppte er einen schweren Sack auf dem Rücken, beinahe versagten ihm die Knie. „Helft mir, helft mit, wenigstens ein Stück, wenigstens ein paar Schritte", bettelte er die Vorbeigehenden. Diejenigen, die ihn kannten, wichen ihm in großem Bogen aus, und die, die sich seiner erbarmten und ihm helfen wollte, flohen erschrocken. Vor ihren Augen verwandelte er sich nämlich in ein feuriges Gerippe. Flammen schlugen aus seinen Augen und seine Knochen glühten wie Kohlen.

Jedes Mal, wenn sich das feurige Gerippe in der Karlsstraße zeigte, war das gewöhnlich das Vorzeichen eines Unglücks – etwa eines Brands oder Hochwassers.

Sollte sich doch noch ein Mutiger finden, der dem feurigen alten Mann hilft, seine Last von der Karlsbrücke durch die Karlsstrasse bis zum Altstädter Ring zu tragen, würde er den Pfandleiher von dem auf ihm lastenden Fluch befreien. Bis heute hat sich aber jeder von ihm abgewandt und ist so schnell und so weit wie möglich geflohen.

DER VERRÜCKT GEWORDENE BARBIER

Während der Regierungszeit Rudolfs II. eröffnete in der Karlsstrasse ein Barbier sein Gewerbe. Er hatte Erfolg, litt keine Not, war aber nicht glücklich. Er sehnte sich nach mehr Vermögen. Er wollte es ansammeln, verdoppeln, kurz gesagt zu unendlicher Größe vermehren.

Die unendliche Sehnsucht nach Reichtum beherrschte seine Sinne. Gold, Haufen von Gold herstellen zu können – das war sein einziges Ziel. Und deshalb gab er sich den alten Ritualen der magischen Alchimie hin.

Er hatte eine Frau und drei Töchter. Die hielten anfangs seine Vorliebe für Magie für einen vorübergehenden Zeitvertreib, als er jedoch die Ersparnisse der Familie für den Kauf von Retorten, Kolbenflaschen, allen möglichen Zusätzen und anderen geheimnisvollen Unnötigkeiten verschwendet hatte, warnten sie ihn: „Vater, du richtest uns zugrunde, wenn die nicht aufhörst, unsere letzten Ersparnisse aufzubrauchen. Kehr wieder zu deinem ehrlichen Beruf zurück, lass dir nicht durch das falsche Trugbild vom Gold den Kopf verdrehen!" „Das führt zu nichts Gutem", fügte seine Frau hinzu.

Und sie hatten Recht. Die Habgier zerstörte letztendlich das Leben des Mannes und seiner ganzen Familie. Von dem Geld, das die Familie für schlechte Zeiten zurückgelegt hatte, war nichts geblieben.

Er musste sein Haus verkaufen, die Töchter begannen sich zu prostituieren und seine Frau konnte dieses Schicksal nicht mehr ertragen. Sie beschloss sich das Leben zu nehmen und sprang eines Tages von einer hohen Stadtmauer. Der Barbier aber verlor ganz den Verstand. Er hatte nicht einmal Geld für ein Stück Brot. Geblieben war ihm nur ein Rasiermesser. In seiner geistigen Umnachtung stürzte er sich auf der Straße, um Vorbeigehende mit dem Rasiermesser zu bedrohen. Einmal stürzte er sich auf eine Gruppe Soldaten, aber da kam er schlecht an. Es waren kräftige Männer, die sich zu wehren wussten. Sie schlugen zu, doch der Barbier überlebte ihre Schläge nicht.

Der Geist des verrückt gewordenen Barbiers irrt bis heute durch die Karlsstrasse und sucht einen Wagemutigen, der sich von ihm rasieren lässt und ihn damit befreit.

Das Klementinum

DAS GEHEIME VERSTECK

Mitte des 16. Jahrhunderts kamen die Jesuiten in die Prager Altstadt und gründeten im Clementinum ein Kloster und ihre Schule. Als Papst Clemens XIV. den Jesuitenorden auflöste, mussten sie dort ausziehen. Sie hatten schon in der Vergangenheit solche Erfahrungen gemacht und rechneten damit, dass sie ins Clementinum zurückkehren. Deshalb beschlossen sie wertvolle Kleinodien, Gold und Silber in einem geheimen Versteck aufzubewahren.

Und weil der Maurer jeden Groschen brauchte, überlegte er nicht lange und war dazu bereit, auch wenn die geheimnisvollen Männer Bedenken bei ihm erweckten. Er nahm sein Handwerkzeug und folgte ihnen. Die beiden fügten hinzu, dass die Arbeit geheim wäre und niemand davon erfahren dürfe. Wenn er nur zu irgendjemandem ein Wörtchen davon sagen würde, würde das für ihn böse enden. Der Maurer akzeptierte diese Bedingung, stieg in die bereit stehende Kutsche, ließ sich von den Männern die Augen verbin den und die Kutsche fuhr los.

Am Moldauufer lebte in einem kleinen Häuschen ein armer Maurer. Eines Abends klopften zwei in Mäntel gehüllte Männer an seine Tür und versicherten ihn, dass sie im Guten kämen und dass sie für ihn eine Arbeit hätten, für die sie ihn reich entlohnen würden.

Der Maurer dachte sich, wenn er die Ecken zählen würde, um die die Kutsche fährt, würde er danach erkennen, wo sie hingefahren sind. Aber er irrte sich. Die Kutsche fuhr durch mehrere Gassen und fuhr im Kreis, bis der Maurer alles verwechselte.

Endlich hielten sie an. Die Männer halfen dem Maurer aus der Kutsche und führten ihn dann durch einen langen Gang, stiegen auf engen Treppen hinauf und hinunter, blieben dann plötzlich stehen und nahmen ihm den Schal ab, mit dem sie ihm die Augen verbunden hatten. Seine Augen gewöhnten sich sehr schnell an das Halbdunkel, er erkannte einen kleinen Keller und an einer Wand lagen Ziegel und Mörtel. Die Männer zeigten ihm ein kleines Loch, das in den Nebenkeller führte und forderten ihn auf, es zuzumauern. Der Maurer fragte nach nichts und machte sich an die Arbeit. Dabei sah er im Nebenkeller aufeinander gestapelte kleine und große Metallkisten.

Als er fertig war, wurde er reichlich belohnt, ließ sich wieder die Augen verbinden und wurde kreuz und quer durch die Altstadt zu seinem Häuschen an der Moldau zurückgefahren.

„Wir erinnern dich noch einmal daran, dass du mit niemandem über die Sache sprechen darfst, sonst geht es dir schlecht", wiederholten die Männer zum Abschied und gingen schnell fort.

Nach einer gewissen Zeit erzählte man sich, dass die Jesuiten nicht das gesamte Vermögen abgegeben hätten und dass sie den größten Teil ihres Schatzes irgendwo versteckt haben mussten. Und da fiel dem Maurer ein, dass die geheime Arbeit, die er damals ausgeführt hat, damit im Zusammenhang stehen könnte.

Er ging auf das Rathaus und sagte dort in allen Einzelheiten aus. Sie gingen gleich mit ihm ins Clementinum und untersuchten alle Mauern, Decken und Fußböden in den Kellerräumen, aber sie fanden nichts.

Trotzdem glaubte der Maurer bis zu seinem Tod daran, dass irgendwo in den Kellerräumen des Clementinums der eingemauerte Schatz liegt.

Der Vyšehrad

DIE WEISE LIBUSSA

ie Fürstin Libussa war weise und gerecht, von festem Willen und leutselig. Und sie konnte die Zukunft voraussehen. Bei ihrem Volk stand sie in hohem Ansehen.

Einmal musste sie über zwei Männer Gericht halten, die wegen der Grenze zwischen ihren Feldern im Streit lagen. Sie stritten sich und jeder beurteilte das ihm zugefügte Unrecht aus seiner Sicht. Schweigend hörte sie die Beiden an und fällte dann ein gerechtes Urteil. Der Unterlegene aber konnte seinen Misserfolg nicht übers Herz bringen, wurde wütend und rief:

„Schande den Männern, die von einer Frau regiert werden! Wir alle wissen, dass die Frauen zwar lange Haare, aber einen kurzen Verstand haben. Es ist eine Schande, dass wir keinen Mann als Herrscher haben und dass wir ohne Widerstand zulassen, dass wir uns Frauenrecht unterwerfen müssen."

Libussa hatten diese Worte tief verletzt, aber sie beherrschte sich und erklärte freundlich:

„Das ist wahr, ich bin eine Frau und ich herrsche auch wie eine Frau. Und ihr hört nicht auf mich, ihr lebt ohne Furcht und Tadel. Es ist also an der Zeit, dass ihr einen Herrn bekommt, der härter ist als eine Frau. Geht heute nach Hause und kommt morgen wieder."

Am nächsten Tag versammelten sich das ganze Volk, auch die Familienältesten und die Fürstin Libussa sprach zu den Versammelten: „Mein Volk, ich bedaure dich. Du weißt die Freiheit nicht zu schätzen und senkst lieber den Kopf vor einem Mann, den du dir wählst und der über dir mit mächtiger Hand herrschen wird. Ich will euch keine Angst einjagen, doch ich sage das, was mir die Götter eingeben. Also wählt euren Herzog klug aus, denn es ist einfach einen Herrn einzusetzen, doch schwer ihn wieder loszuwerden!"

Die Menschen jubelten und alle wollten von ihr wissen, wo sie ihn suchen sollen.

Libussa stand auf, hob die Hand und sagte:

„Hinter diesen Bergen nahe dem Fluss Bílina liegt das Dorf Stadice. Dort pflügt euer Fürst mit zwei gefleckten Ochsen das Feld. Er heißt Přemysl und ist der Mann, dessen Nachkommen in diesem Land für alle Zeiten herrschen werden."

Sie schickte Boten zu Přemysl und gab ihnen für ihn ihr eigenes Pferd mit. Die Boten übermittelten dem Pflüger die Weisung der Fürstin und forderten ihn auf, mit ihnen auf den Vyšehrad, den Sitz der Fürstin, zu reiten.

Přemysl zog sich ein fürstliches Gewand an, schwang sich aufs Pferd und nahm seine schmutzigen Bastschuhe mit.

Sie machten sich auf den Weg.

Einer der Boten fasste Mut und fragte den künftigen Fürsten, warum er die Schuhe mitgenommen habe, die er auf dem Feld trug. „Ich hebe sie auf, damit auch unsere Nachkommen wissen, woher sie kommen. Damit sie ehrenhaft leben und niemanden unterdrücken, denn wir alle sind von Natur gleich."

Als sie sich dem Vyšehrad näherten, kam ihnen die Fürstin mit ihrem Gefolge und dem neugierigen Volk entgegen. Alle begrüßten freudig ihren neuen Fürsten und begleiteten ihn zum steinernen Fürstenthron.

Dann feierten sie, aßen und tranken, sangen und spielten. Die Feier dauerte bis in die späte Nacht und noch bei Morgengrauen war vom Vyšehrad fröhliches Treiben zu hören.

HORYMIR UND SEIN TAPFERER SCHEMIK

Während der Regierungszeit des Fürsten Křesomysl erlebte in Böhmen der Silberbergbau eine Blütezeit. Die Bauern arbeiteten in den Silbergruben und ihre Felder lagen brach. Und so gab es zwar viel Silber, aber wenig Brot. Viele Wladyken und Gutsbesitzer gaben dem Fürsten zu bedenken, er solle doch das Brot höher schätzen als Gold und Silber. Aber Křesomysl war geblendet vom Glanz des Edelmetalls und hörte nicht auf ihren Rat.

Von allen Edelleuten ärgerte sich Horymir, ein tapferer und kluger Mann, über die Sorglosigkeit des Fürsten am meisten. „Mehr als Gold und Silber braucht das Volk Brot", ließ sich Horymir hören und forderte den Fürsten auf, das Bergrecht aufzuheben.

Seine Worte aber gefielen vor allem den Bergleuten nicht und sie beschlossen, Horymir zu bestrafen. Und wie eine Meute wilder Hunde zogen sie zu seinem befestigten Gut. Doch Horymir wollte nicht abwarten, bis sie kamen, sondern sattelte sein treues Pferd Schemik und entkam so der Übermacht.

Sie waren wütend, dass er geflohen war und brannten seine Scheune mit gelagertem Getreide nieder. „Horymir fürchtet sich vor Hunger, jetzt soll er ihn selbst spüren", riefen einige.

„Sie sollen mich mit meinem eigenen Schwert zerhauen, wenn ich ihnen das nicht heimzahle!", drohte Horymir angesichts des roten Glanzes, der sich dort, wo seine Heimat war, auf den Horizont ergoss. Sobald die Bergleute abgezogen waren, versammelte Horymir alle seine Leute und zog Richtung Příbram zu den Erzgruben. Nach Sonnenuntergang drang er mit seinem Getreuen in die Gebäude ein, zündete sie an und alle, die sich im entgegenstellten, durchbohrte er mit seinem Schwert. Dann verschloss er die Grubeneingänge mit Steinen und Lehm.

Noch in der gleichen Nacht erschien Horymir auf dem Vyšehrad, ließ sich aber nichts anmerken.

Auch die Bergleute ließen nicht lange auf sich warten und am frühen Morgen beschwerten sie sich beim Fürsten Křesomysl.

Der ließ Horymir vorladen und fragte ihn, warum er einen solchen Schaden angerichtet habe. Aber Horymir leugnete alles, gab keine Erklärung darüber ab und der Fürst ließ ihn gefangen nehmen. Die Sonne sah Horymir erst bei Gericht wieder.

Die Bergleute forderten Horymirs Tod durch Verbrennen. Und weil Křesomysl immer ein offenes Ohr für die Bergleute hatte, verurteilte er Horymir zum Tode, doch nicht durch Verbrennen, sondern auf eine „menschlichere" Art, durch Köpfen mit dem Schwert.

„Ehrenhafter Fürst, erlaube mir als zum Tode Verurteilten, noch einmal auf meinem getreuen Schemik zu reiten, und dann kannst du mit mir nach Belieben verfahren", sprach Horymir.

Der Fürst lachte über diesen eigenartigen Wunsch, gab Anweisung, alle Tore zu schließen und zu bewachen und erwiderte spöttisch:

„Na, reite nur, Schemik hat keine Flügel, er kann dir nicht helfen."

Horymir führte Schemik aus dem Stall, sattelte ihn, redete eine Weile leise mit ihm und schwang sich dann auf seinen Rücken. Alle auf dem Vorhof bewunderten dieses schöne feurige Pferd. Es tanzte über den Hof, drehte sich im Kreis und auf einen Pfiff seines Reiters streckte er sich und umkreiste mit leichten langen Sprüngen den Vorhof zum ersten Mal.

Horymir pfiff noch einmal und Schemik überquerte den Vorhof von Tor zu Tor mit langen, fliegenden Sprüngen.

Nahe der Burgmauer pfiff Horymir zum dritten Mal und rief: „Schemik, nach oben!" und das Pferd antwortete mit menschlicher Stimme: „Herr, halt dich fest!"

Es setzte zu einem Riesensprung an, flog über die Mauer und verschwand.

Alle waren starr vor Schrecken. Sie liefen zur Burgmauer, um zu sehen, dass Pferd und Reiter verletzt unten auf einem Felsvorsprung liegen. Aber dann staunten sie zum zweiten Mal – Schemik und Horymir jagten das Tal entlang.

Diese unwahrscheinliche Tat erweichte auch den Fürsten selbst und er begnadigte Horymir. Der freute sich darüber trotzdem nicht, denn durch den Sprung vom Felsen hatte sich sein geliebter Schemik schwere Verletzungen zugezogen.

Horymir eilte zurück auf sein Gut und ging sofort zu Schemik.

„Mein Herr, ich weiß, dass ich nicht mehr länger lebe. Wirf meinen Körper nicht den Vögeln und Raubtieren vor, sondern begrabe mich am Hoftor", waren seine letzten Worte.

Und so geschah es. Horymir begrub Schemik vor dem Hoftor und legte einen großen Stein auf sein Grab. Daran sehen wir bis heute, wo der treue Schemik begraben liegt.

Jelení

U Prašného mostu

Mariánské hradby

Chotkova

Die Prager Burg

Na Opyši

U Bruské
kasáren

Staré zám. schody

U Kasáren

Valdštejnská

Klárov

Hradčanské
nám.

Valdštejnské
nám.

U Brusnice

Der Loreto-Platz

Zám. schody

Ke hradu

Letenská

Nerudova

Malostranské
nám.

Úvoz

Čihelná

U Lužického semináře

Mostecká

nám.
Dražického

Jánský vršek

Vlašská

Vlašská

Tržiště

Das Kloster Strahov

Karmelitská

Die Karlsbrü

Velkopřevor.
nám.

**Die Kirche der Siegreichen
Jungfrau Maria**

Maltézské
nám.

Nebovidská

Nosticova

Ujezd

U Sovových mlýnů

Malostr. náb.

Strahovská

Všehrdova

Říční

Olympijská

Vítězná

most Leg

Janáčkovo nábřeží

Zborovská

Střelecký
ostrov

Chaloupeckého

Plaská

Mělnická

Šermířská

Petřínská

Jezdecká

El. Peškové

Vodní

Holečkova

nábřeží Edvarda Beneše

Čechův most

Štefánikův most

nábř. Ludvíka Svobody

Dušní

Das Agneskloster

Haštalské nám.

Hradební

Revoluční

Soukenická

Bílkova

Truhlářská

Elišky Krásnohorské

Vězeňská

Haštalská

Kozí

Dlouhá

Pařížská

Masná

Na Poříčí

Die Judenstadt

Široká

nám. Jana Palacha

Kaprova

nám. Republiky

Das Klementinum

Der Altstädter Ring

Das Ungelt

Hybernská

Celetná

Linhartská

Senovážná

Senovážné nám.

Malé nám.

Ovocný trh

Das Karolinum

Die Karlsstrasse

Anenská

Nekázanka

Na Příkopě

Na Můstku

Náprstkova

Betlémské nám.

Havelská

V Kotcích

Rytířská

Panská

Betlémská

Karoliny Světlé

Konviktská

Bartolomějská

28. října

Jindřišská

Růžová

Politických vězňů

Smetanovo náb.

Na Perštýně

Der Wenzelsplatz

Divadelní

Národní

Purkyňova

Jungmannova

Vodičkova

Štěpánská

Ostrovní

Spálená

Vladislavova

V Jámě

Der Vyšehrad

Škólská

Lazarská

Ve Smečkách

Krakovská

Mezibranská

30 min.

Navrátilova

Myslíkova

Řeznická

INHALT

Bei dieser literarischen Bearbeitung wurden folgende Quellen verwendet: Cibula, V.: *Pražské pověsti*. (Prager Sagen.) Panorama, Praha 1983; Jirásek, A.: *Staré pověsti české*. (Böhmens alte Sagen.) Albatros, Praha 2003; Košnář, J.: *Staropražské pověsti a legendy*. (Altprager Sagen und Legenden.) Odeon, Praha 1992; Meyrink, G.: *Golem*. (Der Golem.) Topič, Praha 1917; Tomek, V. V.: *Pražské židovské pověsti a legendy*. (Prager jüdische Sagen und Legenden.) Volvox Globator, Praha 2007; Wenig, A.: *Staré pověsti pražské*. (Alte Prager Sagen.) Omega, Praha 2013.

Das sagenumwobene Prag

Illustriert von Jan Klimeš,
gesammelt und nacherzählt von Anna Novotná.
Graphische Gestaltung und Cover: Jan Klimeš.
Satz: Hana Klimešová.
Druck: Tiskárny Havlíčkův Brod, a. s.
Verlag: Práh, Patočkova 2386/85, 169 00 Praha 6, www.prah.cz,
2016 als 595. Publikation des Verlags.

Erste Ausgabe